天津市科普重点项目资助

于智睿　李晶◎主编

消费品儿童安全科普图书

宝宝用品巧选择

中国质检出版社
中国标准出版社
北　京

图书在版编目（CIP）数据

宝宝用品巧选择／于智睿，李晶主编．—北京：
中国质检出版社，2018.4
ISBN 978-7-5026-4571-7

Ⅰ．①宝… Ⅱ．①于… ②李… Ⅲ．①儿童—生活用具—选购
—基本知识 Ⅳ．① F768.9

中国版本图书馆 CIP 数据核字（2018）第 050428 号

中国质检出版社
中国标准出版社 出版发行
北京市朝阳区和平里西街甲 2 号 (100029)
北京市西城区三里河北街 16 号 (100045)
网址：www.spc.net.cn
总编室：(010)68533533 发行中心：(010)51780238
读者服务部：(010)68523946
中国标准出版社秦皇岛印刷厂印刷
各地新华书店经销
*
开本 710 × 1000 1/16 印张 8.25 字数 120 千字
2018 年 4 月第一版 2018 年 4 月第一次印刷
*
定价：45.00 元

如有印装差错 由本社发行中心调换

编委会名单

主　编　于智睿　李　晶
副主编　田　恺
编　委　李学洋　李　涛　刘凤娟　刘俊麟　董斐娜

参编单位

天津出入境检验检疫局工业产品安全技术中心

前言

儿童安全是与我们的生活密切相关且备受关注的话题。小到一个牙胶，大到宝宝的婴儿床，如何选购和使用是每位父母都要面临的问题。除了传统的衣服玩具，随着科技的迅猛发展和生活水平的提高，层出不穷的新产品为宝宝带来了更多的全新体验，但是也存在着许多安全隐患。对于这些走入我们生活的宝宝用品，它们的选入原则又是什么呢？

本书力图解答上述问题，努力为孩子们营造一个安全、舒适的成长环境。开篇以问题和解答的形式向读者介绍了儿童用品的范围及其与普通用品的区别，以期给读者一个明晰的概念；第一章至第五章从家居及日用品、玩具、童装童鞋、户外设施、文具用品五个方面介绍了常见儿童用品可能存在的风险，防范措施以及日常选购的小窍门；第六章介绍了国内外的标准、风险发布网站以及消费者维权的基本知识，是本书的外延部分，供读者参考。

如果您时间有限，可以选择性地阅读各章中的伤害案例、潜在风险和选购小窍门，基本上可以帮助您了解日常生活中儿童用品的选择要点和诀窍；如果您想进一步了解相关知识，也可以按照本书推荐的标准目录进行深入阅读或者到本书推荐的网站进行学习。

作为从事儿童产品检测的技术人员，我们最大的愿望是宝宝们都可以使用更适合、更安全的生活用品，相信这也是天下所有父母的初衷。

祝愿每个宝宝健康成长！

于智箐

2017 年 8 月

目 录 CONTENTS

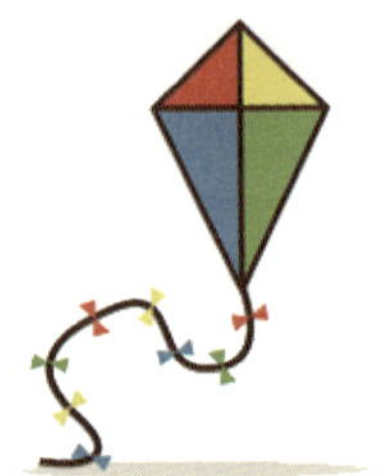

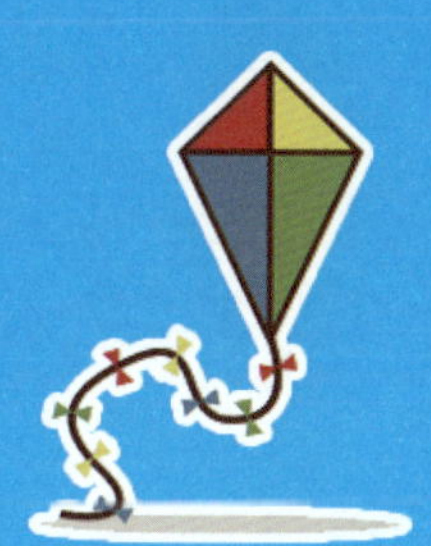

开篇语

你知道吗？

在开始正式的章节之前，我们先来看一些常见的问题和解答，这将有助于我们更好地使用这本书。

问：什么是“儿童用品”？

答：美国消费品安全委员会（以下简称 CPSC）将“儿童用品”定义为“为 12 岁或 12 岁以下儿童设计，或者是以其为主要使用对象的消费产品”。按照 CPSC 的要求，儿童产品是需要受较一般产品更为严格的管理和规定（如铅含量限制、可追溯标签要求、测试和认证要求以及 CPSIA 等标准或规定）的一大类产品。

相较于 CPSC，目前我国还没有关于儿童用品的明确定义。但是，单就具体产品而言，例如玩具、家具、童鞋等，我国给出的年龄限制设定一般在 14 岁以下，详情请参见本书具体章节。而在本章节中，我们采用 12 岁作为儿童产品的年龄分界线，涉及的其他概念也都基于这个界限，只是为了便于我们对于概念的理解，并不影响本书后面章节中具体产品的使用。

问：什么是“普通用途产品”？

答：普通用途产品是指那些不以 12 岁及以下儿童为主要使用者而设计的消费品。当然，一些产品最初被设计的初衷也可能是面向全部年龄段的消费者或者使用者，其中就会包含有 12 岁及 12 岁以下的儿童，然而，一旦这些产品被认定为“普通用途产品”，就可能会被消费者或是儿童的监护者所忽视。

问：普通用途产品和儿童用品的区别是什么？

答：这里，我们以笔这类产品为例。

这类产品通常是以 12 岁以上消费者为使用对象人群。因此，尽管 12 岁或 12 岁以下的儿童在日常的生活中也极有可能接触甚至使用到，我们还是会普遍认为“笔”就是一类普通用途产品。同样的情况，即使是在这些笔上加以吸引儿童的装饰物，例如富有童心的

主题或是具有玩耍价值的小部件，因为没有脱离笔的功效，一般仍会被认为是普通用途产品而存在于儿童的日常生活中。也就是说，如果产品主题是儿童不感兴趣、不太可能与产品发生接触或者是成年人有可能或更有可能发生接触的，那么该产品将可能被视为“普通用途产品”。

了解到了这点，我们往往就需要进一步的鉴定以确定这类产品的真实归属。例如，我们可以通过鉴定笔的物理特征（如尺寸、颜色等）以及和这只笔相关的全部装饰，抑或是判断它是否属于新奇产品，是否存在吸引12岁或12岁以下儿童的可能性，来判断该类产品是否是为儿童设计，或者是否会被使用或者接触。

问：那么，是否说明如果某类产品标记有特殊记号或是标语表明产品身份或者使用环境，就可以保证该产品不会被视为儿童用品而避免儿童可接触或是使用了呢?

答：不可以。一般情况下，产品的所有标签要求都需要与产品的预期使用功能模式保持一致。但是，生产厂商常常无法预知产品的真实使用环境和使用人群，因此，我们无法就此总结出某一产品的单一属性。

问：如果某类产品声明是为9岁或9岁以上的消费者所使用的，那么，这是否证明该类产品已经被自动划分为“儿童用品”了呢?

答：不是的。一般情况下，9~12岁的儿童已具备较高认知和行动技能能力，能够更好地照管好他们的物品。但是，这些产品也很有可能因为它们的独特吸引力而吸引12岁或12岁以上消费者接触或使用。所以，即使产品声明为9岁或9岁以上消费者设计使用，也经常会被轻易地自动划分为普通用途产品。

问：“普通用途产品”是否存在有转化成“儿童用品”的可能性呢?

答：这是有可能的。根据具体情况，仅就装饰物而言就很有可能

将一个普通用途产品“转变”为儿童用品。

此外，还有一些其他可能的因素，例如：

◆缩小一件产品的尺寸，使一般成年人在使用该产品时感到不适；

◆夸大一些特征（大按键、亮色标识），简化了产品的用途；

◆具备供成人使用的类似产品中所没有的安全功能；

◆搭配以与童年相关联的颜色（粉色、蓝色等明亮的颜色）；

◆搭配以与童年相关的装饰图案（如动物、昆虫、小汽车、字母表、娃娃、小丑和木偶）；

◆卡通画等并不一定能够提升产品的实用性，但能够增强对 12 岁或 12 岁以下儿童的吸引力；

◆玩乐价值（例如，主要为吸引 12 岁或 12 岁以下儿童的特征，以增强互动探索和奇特想象为目的，包括缺乏完成日常事务的功用的异想天开的活动、为消遣和娱乐而进行的活动）。

一个产品具备的这类特征越多，该产品被认定为儿童用品的可能性就越大。

问：儿童用品一定是儿童使用的吗？

答：通常情况下是的。儿童用品是儿童“使用”的产品。例如，一件玩具、一个幼儿便盆、一件衣物、一个双肩背包都是儿童“使用”的物品，这些产品如果满足上述标准的话，都可能被视为儿童用品。就服装和双肩背包来说，产品的尺寸和产品上描绘的装饰物主题都很可能在确定该产品是否为儿童用品时发挥作用。

然而，某些儿童用品不一定需要与儿童有直接的身体接触才能被认定是儿童用品。例如，婴儿旋转床挂、灯具、钟表，以及为儿童房间设计的适合婴幼儿图案的地毯，这些具备有为吸引儿童而设计的特征的产品，都存有在使用过程中与儿童产生互动的可能性而被认定为儿童用品。当然，具体产品还需要在具体情况进行全面分析。

问：儿童用品是否包括“用于”儿童的产品？

答：不是的。像尿布包这类供儿童的父母或护理者使用的产品属于普通用途产品，不被视为儿童用品。儿童用品是准备让儿童使用的产品。在这个例子中，尿布本身被视为儿童用品，而尿布包不是。儿童使用的产品指的是那些他们会与之互动或有直接身体接触的产品，比如尿布本身。

问：如何通过参考产品包装、展示、促销或广告来辨识该类产品是否属于儿童用品呢？

答：产品表现形式可以是明示（比如在产品的广告中有明显的标语宣称该该产品的使用者为 12 岁或 12 岁以下儿童）或者暗示（比如在产品的广告中可以很清楚的观测到有幼童在使用该产品）。这些表现可能会在包装、文字、图解或是广告传媒等媒介中找到附有使用该产品的照片、使用说明书、装配手册等画面或是环境的情况。

此时，我们一般会根据此类产品包装或是其在广告媒体中关于该产品用途、目标人群的突出表现、使用过程或环境的侧重宣传等诸多因素，结合相关的技术要领，有技巧地权衡产品的各项特征，从而判断是否属于儿童用品。例如，通过识别产品包装正面尺寸大的标识、对比度高的字母标识等因素，判断产品属性往往要比识别产品包装侧面小框印刷的文字更容易判断该类产品是否为儿童用品。

问：如何知晓该类产品是否是被消费者普遍认为是给孩子使用的？

答：评估一类产品是否被消费者普遍认为是给儿童使用的，生产商一般会对产品的合理性、可预见性用途进行评估，确定该类产品的消费者会如何看待和使用它。生产商也会通过参考销售数据、市场分析、焦点调查小组、或者其他营销研究来分析消费者对他们产品的看法。

此外，在判定一个产品是否是儿童用品时，家长也可以将“价值”作为排除的参考内容之一。例如，古董玩具卡车不是儿童用品，部分原因是它的价值比一部新的玩具卡车要高。

问：选购儿童用品时应该着重关注的要素是什么呢？

答：一般而言，选购儿童用品需要考虑以下四个要素：

◆生产商的声明：这里主要指与产品用途有关的的“生产商声明”，如产品标签。法规明确规定声明必须与产品预期的使用模式相同，但声明并不能完全决定产品是否具有“儿童用品”的属性。

◆产品描述：这里的产品描述指的是与产品有关的如产品广告、标签、图解和陈列等。尤其是产品描述中涉及明确的目标人群时，应着重了解。

◆普遍认识：还要考虑消费者对产品的“普遍认识”。也就是结合产品的特征或特性，产品的使用方法以及产品的价格等，对产品可能的使用环境进行预判。

◆年龄判定指引：合格的儿童产品一般是需要标注有使用者年龄限定的，家长们需要着重检查和阅读。在我国与儿童相关的产品的使用对象年龄界定可以参考标准 GB/T 28022《玩具适用年龄判定指南》来判定。该标准也可以帮助生产商和儿童父母回答有关儿童与消费品典型接触方式的问题。

总而言之，如果是 12 岁以上的消费者和 12 岁或 12 岁以下的儿童同时接触某种产品时或者说两个年龄段的人群都存有接触某类产品的概率的时候，一般来讲，除了要在选购时重点注意生产商的声明、产品描述、普遍认识和年龄判定指引这 4 个要素外，更重要的是家长根据产品实际情况判断产品属性。这就需要我们能够识别未知儿童用品的属性，捕捉产品潜在的安全风险，在使用过程中规避那些隐患，保护儿童在日常生活中的安全，识别和发挥产品的最大功效。

本书将从家居日用品、玩具、服装、户外用品和文具等五个大类入手，剖析那些生活中我们可能遇到却在不经意间忽视的隐患，展示生活中的小窍门，为家长们在挑选各类产品时更加有针对性，使宝宝在安全、舒适的环境中健康成长。

第一章

家居及日用品篇

房间，对于孩子而言不仅仅是睡觉休息的地方，更是他们学习、娱乐等大部分时间倾注的重要场所。据调查显示，目前我国 16 岁以下儿童约有 3 亿，约占全国人口的四分之一，城市中约有 40% 家庭的孩子拥有自己的房间，因此，儿童家居及日用品市场具有较大的潜力和发展空间。

这里家居及日用品泛指家具、床上用品、厨卫用具、室内配饰及日常生活需要的产品，统称为家居用品。但是，我国儿童用品行业特别是儿童家居及日用品行业起步较晚，在日常生活中关于产品选择和家居用品儿童安全防护还存有较大的漏洞。据研究表明，61.2% 的伤害发生在家中。其中，25.5% 为跌落、坠落；16.7% 为烧伤、电伤；9.1% 为锐利伤；具体伤害类型如下表所示：

伤害类型	危害因素
跌倒或坠落	阳台无护栏
	桌椅放置在阳台或床边
	窗户无防护装置
	楼梯栏杆间距大
	地板过滑
烧烫伤及触电	烹饪器具（如电饭煲、电磁炉等）表面高温，放置在儿童可触及处
	插头插座无盖板
	打火机等点火器放在儿童可触及处
	取暖器表面高温
	电池或用电池的产品（如剃须刀、遥控器等）儿童可触及
割伤、夹伤或动物咬伤	桌角或家具棱角尖锐
	刮眉刀儿童可触及
	宠物未与儿童隔离
	房门未关闭
	厨门未关闭

续表

伤害类型	危害因素
中毒	洗涤剂、洁厕剂等放在饮料瓶中
	药物没有专门存放
	未清洗过的食物，如水果等，放在儿童可触及处
	家中煤气总开关常年开
	药物未放在原包装盒内
窒息	微小物件如纽扣等不牢固
	电线没有妥善整理
	儿童玩具吊绳过长

因此，如何有针对性地为孩子挑选家居用品，布置适合于儿童健康成长的温馨空间是本章节希望和家长们一起探索的内容。

一般来讲，我们将家具环境在空间上进行划分，可分为客厅、餐厅、卧室、书房、盥洗室等区域。越来越多的家长已经开始重视儿童用品质量和材质，比如环境和家具中的有毒有害物质甲醛等，但是对用品在实际使用过程中可能对儿童造成的危害，或者是产品在特定的环境下可能存在的隐患却知之甚少，下面，让我们为您逐一揭晓。

日常生活中不可忽视的伤害案例

可怕的梳妆台

关键词：梳妆台，不稳定，撞击，砸伤

危害描述：2017 年 1 月，美国消费品安全委员会（CPSC）在收到危害报告后对由 Linon 家居装饰产品公司生产的辛西娅梳妆台进行了召回。报告显示，该梳妆台由于不能够固定在墙上，灵活性较强，致使儿童在家中活动时极易因缺乏自我安全保护意识而被撞击或砸伤，造成严重的摔倒和夹带危险，导致儿童死亡或受伤。

小贴士：

在挑选大型家居用品时，请消费者优先挑选配有固定装置的产品。在安装和使用过程中，对于有尖锐边缘的家居用品应做好防护（如安装防护角、粘贴防护带等），同时，定期检查产品固定处是否松懈。

餐桌里隐藏的秘密

关键词：餐桌，金属，铅中毒

危害描述：2017 年 2 月，CPSC 对有潜在中毒危险的金属餐桌发布了召回命令。该产品于 2012 年 3 月出售。经检测，由于桌子的金属顶部可能含有铅，并存在铅暴露的风险，对于儿童等弱势群体来说是存有一定风险的，并在短时间内无法观测到其具体症状，具有潜在的危害性。如果儿童长期暴露于这样的环境，将会对健康造成不良影响。

小贴士：

请消费者在选购此类家具产品的时候一方面检查该产品是否具备相关检测机构出具的安全证书，另一方面做好家居环境评估，确保环境的健康。

新奇的不锈钢吸管

星巴克不锈钢吸管

关键词：吸管，不锈钢，机械性伤害，赠品

危害描述：2008 年 8 月，CPSC 根据产品使用报告发布了关于不锈钢吸管的召回命令，涉及约有 300 万个已在星巴克推行销售的不锈钢吸管被召回。根据已有的伤害案例报告显示，此类不锈钢吸管属刚性，作为入口使用的一类产品，如不谨慎使用而戳入儿童口中，极易造成伤害等危险。

小贴士：

对于新颖的一类产品，特别是以赠送等形式进行发放的儿童用品，请家长朋友谨慎管理，并指导儿童合理使用。

“不万能”的儿童湿巾——包装上的“霉菌”

关键词：婴儿湿巾，包装，霉菌

危害描述：杰西卡·阿尔巴（Jessica Alba）的“Honest 公司”因为包装可能含有霉菌成分而召回其婴儿湿巾。作为直接接触人体口鼻的湿巾类产品，加上儿童自身免疫系统极其脆弱，产品极易造成人体健康危害。此类产品缺陷是在产品生产之初由于设计缺陷导致的，但是消费者仍可以通过溯源及其他相关手段减少产品可能的危害性。

儿童湿巾

小贴士：

消费者在选购此类产品的时候，可以关注网上关于产品的召回事件，一方面了解产品品牌信息，另一方面，通过召回原因可以更加具有针对性地进行产品的筛选。

此外，更加需要引起家长们注意的是，产品包装作为产品的一部分是尤其需要我们关注的，不仅在选购产品的过程中，在产品的使用过程中也需要尤为注意。

那些看似普通的儿童牙刷

关键词：儿童牙刷，磨毛，口腔损伤

危害描述：由我国召回的 Member’s Mark 牌儿童牙刷，召回原因为儿童牙刷刷毛的磨毛不

Member’s Mark 牌儿童牙刷

合格，儿童长期使用，可能影响清洁牙齿的效果，还可能对口腔软组织和牙表面造成损伤。

生活中的潜在风险

生活中，儿童可接触的家居及日用品类产品伤害一般包括有机械安全性伤害、化学安全性伤害以及使用不当时造成的伤害。下面，请跟随着书中的指引来看一看：

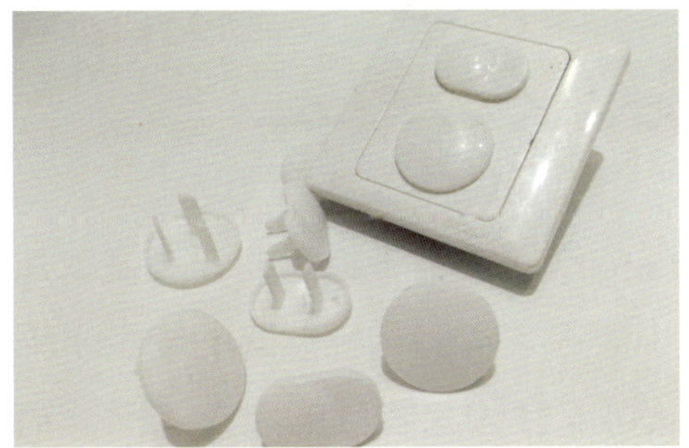

应注意的面板设计高度

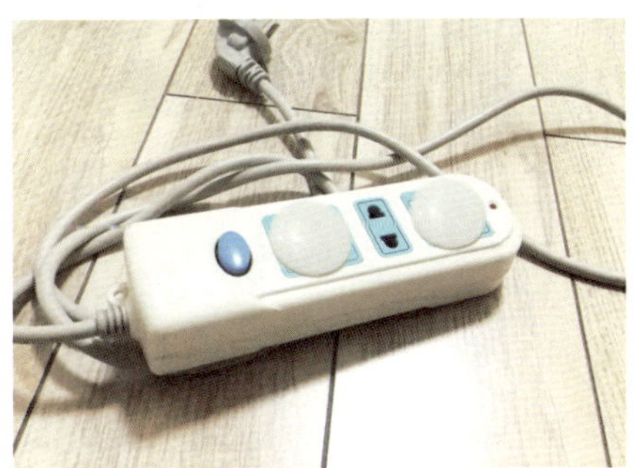

加盖的电插座

电插座应放在 1.4m 以上的高处；或加盖（这样的小拉手扣下去时严丝合缝，一般情况下，我们很难掰开，爸爸妈妈也要从拉手的底部使劲才能掰开，是完全可以起到安全防护作用的）。

危险锐利边缘和危险锐利尖端会危害到我们安全。因此，当这样的产品距离地面高度 1.6m 以下时，可触及危险外角应为倒圆处理，不然可能会伤害我们的小手。

带有锐利边缘的桌子

做了倒角处理的桌子

带有锐利边缘的抽屉

翻门或翻板的关闭力应该大于 8N，请不要让我们能够轻易扳动这些危险的部件。

翻门、翻板很危险

请将玻璃制品或是含有玻璃部件的产品放置于距离地面高度或儿童站立面（例如，我们会经常借助小凳子之类的物品登高的一类水平面）高度 1.6m 以上的区域外，不然可能会因为物品的意外跌落而被砸伤。

玻璃制品应放置高处

无通风开口的衣橱存有潜在隐患

在家中，不透气密闭空间大于 $0.03m^3$，且内部尺寸均大于 150mm 时，应设有不受阻碍的通风开口，我们可能会因为好奇呆在里面。

设计有防脱装置的键盘托

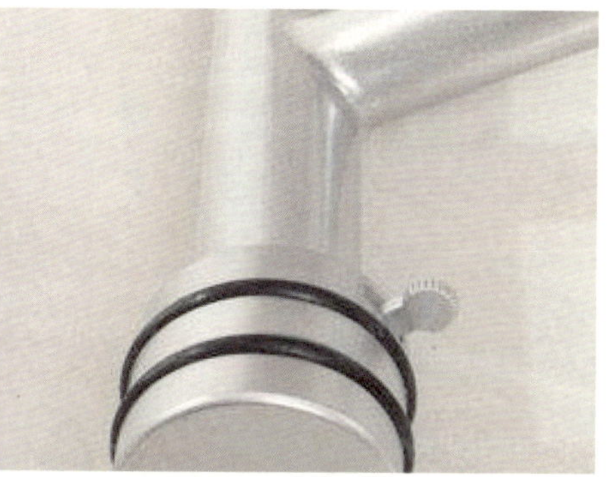

设计有锁定机构的家具

请为抽屉、键盘托等推拉件应设有防拉脱装置，防止我们因意外拉脱而造成的伤害。

购买儿童折叠家具类产品时，请检查产品需含有两个或以上的锁定机构，确保我们不会因操作折叠机构而发生夹伤等意外。

购买带有刚性材料的产品前，请爸爸妈妈为我们检查一下，那些刚性材料深度超过 10mm 的孔及间隙是否小于 6mm 或大于 12mm，否则，我们可能会被划伤或是因为卡住而发生危险。

在购买带有可活动部件的产品前，请爸爸妈妈为我们谨慎检查那些部件间的间隙尺寸应小于 5mm 或大于 12mm。

在选购儿童伞前，请谨慎检查伞骨末端是否含有保护部件，不然我们很可能会被夹伤。

儿童伞

柜门锁

这样的柜门锁不仅可以防止我们开启抽屉，更重要的是能有效防止我们手指被夹伤。

门夹

门夹这种小部件，可以有效防止我们被门夹伤。

床上活动时需进行防护

当我们在床上活动玩耍时，需要特别的安排和布置来防止我们跌落而摔伤。

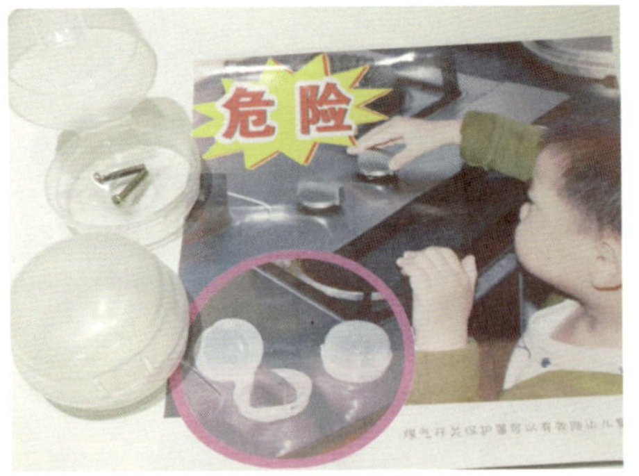

煤气开关保护罩

煤气开关保护罩这类发明很实用，必要的时候可以有效防止我们因为好奇或不经意而开启煤气，甚至引发危险。

烫伤是我们会遇到的意外伤害中常见的伤害之一。电磁炉使用后表面温度过高，弱小的我们往往并不知道，所以，请将电磁炉、热水壶、锅类等厨用电器用品放置在我们无法触及的地方或采取其他有效保护措施。

请将危险的厨用电器置于儿童无法触及的高处

请将吸尘器放在我们找不到的地方，不然，我们很可能因为好奇将头伸进端口而窒息。

会发热的电灯泡

电灯这种使用过程中会发热的电器请确保具有过热保护或防接触部件。

请注意沙发和地毯的阻燃性

沙发、地毯是有严格的阻燃性要求的。

防滑垫

条件允许的情况下，请为我们布置一个防滑垫。我们可能会非常好动，这样可以减少我们摔倒的几率哦。

请谨慎选择可折叠的产品，不然我们很可能会被夹伤。

折叠凳

折叠凳

儿童护肤品应最大限度减少配方所用原料的种类。应少用或不用香精、着色剂、防腐剂及表面活性剂。使用中，请及时观察儿童不良反应。儿童护肤品不应使用美白、修复等功效。

儿童护肤品

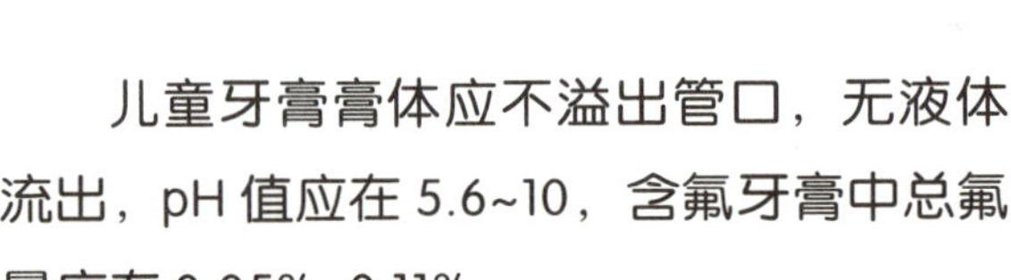

儿童牙膏膏体应不溢出管口，无液体流出，pH 值应在 5.6~10，含氟牙膏中总氟量应在 0.05%~0.11%。

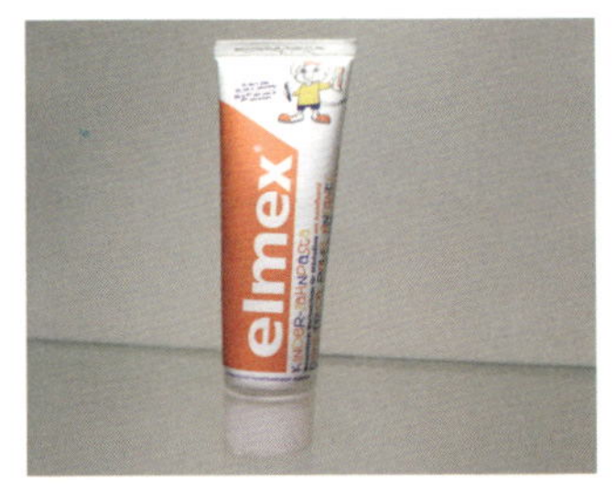

儿童牙膏

婴儿床边的绳子、丝带一类小物件都极可能引发婴儿窒息等危险的发生。

儿童常常因误食药品而中毒。家长应使用带有防儿童开启装置的药瓶，或将药品放置到带锁的柜子中以防儿童误食。

台灯等灯具应具有足够的稳定性，防止倾倒而砸伤儿童。灯具应配备防过热保护或防止接触灯具发热部件的罩壳或类似部件。

洗护用品：婴幼儿洗衣液不能含有增白剂、磷、漂白剂、色素等化学成分。

细说我们身边的标准

针对“家居日用品”一类的用品特殊的产品特性和现状，儿童在日常接触或是使用时尤其需要家长的重视和监护，也更加需要家长对于家居环境的设计、规划和维护分类进行逐一的梳理。

接下来，就让我们帮助家长开始整理吧。

我国现行的主要家居类儿童产品标准

标准编号	中文标准名称
GB 29281—2012	游戏围栏及类似用途童床的安全要求
GB 30004—2013	婴儿摇篮的安全要求
GB 28477—2012	儿童伞安全技术要求
GB 28482—2012	婴幼儿安抚奶嘴安全要求
GB 30002—2013	儿童牙刷
GB 28007—2011	儿童家具通用技术条件
GB 7000.4—2007	灯具　第 2–10 部分：特殊要求儿童用可移式灯具
GB 22793.1—2008	家具儿童高椅　第 1 部分：安全要求
GB/T 22793.2—2008	家具儿童高椅　第 2 部分：试验方法
GB/T 20002.1—2008	标准中特定内容的起草　第 1 部分：儿童安全
GB/T 24329—2009	出口儿童高椅安全要求及测试方法
GB/T 25163—2010	防止儿童开启包装可重新盖紧包装的要求与试验方法
QB 2453.1—1999	家用的童床和折叠小床　第 1 部分：安全要求
QB/T 2453.2—1999	家用的童床和折叠小床　第 2 部分：试验方法
SN/T 3611—2013	儿童用可躺摇椅的安全要求及测试方法
SN/T 3879—2014	打火机防止儿童开启安全要求及测试方法
联盟标准	婴幼儿餐具安全要求
联盟标准	婴幼儿奶嘴安全要求

在各类标准的规范下，哪些是家长在选购时可以用到的呢，下面的小知识将为您介绍：

小知识：家具类

供 3~14 岁对儿童使用的家具产品选购参考。

◆折叠机构不可有，否则请检查是否有安全止动或锁定装置。

◆危险突出物不可有，必要时用保护帽、罩来保护，检查是否易脱落

◆危险锐利边缘 / 危险锐利尖端：是否倒角处理。

◆翻门、翻板应该需要大力才能打开。

◆封闭式家具应有通风口，不应配有自动锁定装置。

◆升降气动杆转移需要标有明显且不易掉落的警示语“危险！请勿频繁升降玩耍”。

小知识：童床或摇篮椅类

◆材料：

木材：无腐蚀和虫蛀。

金属：耐腐蚀。

◆检查染色纺织品是否会对儿童造成过敏。

◆产品应无未经封口的管子，应无突出物、空洞、松动垫圈、调速装置、螺母、间隙，应无外露的锋利边棱、尖状物或毛刺。

◆紧固件：不能使用直接固紧的连接螺钉。

◆剪切和挤夹点：产品相对移动零部件间隙应大于 18mm 或小于 5mm；当实用动力装置（含弹簧等），不应产生剪切和挤夹点；由儿

童体重造成的移动、结构损坏、锁定机构的不当操作导致零部件错误运动，不应产生剪切和挤夹点。

◆谨慎检查可能会夹住头、颈和躯体的孔、开口和间隙，请谨慎检查是否存在儿童掉落或卡住的风险。网状床铺面网状孔不应大于85mm；板条床铺面间隙不应大于或等于 60mm。

◆设有脚轮的产品应有锁死结构。

◆床铺面不能被儿童随意提起。

◆如有摇摆机构，应安装有锁定装置；不应安装有电的或机械的动力来振动摇篮，但可直接用手推或拉。

◆摆件或侧板应不会对儿童造成伤害。

◆请注意这些警告：

警告：不要将引起窒息、勒死或者可能作为踏脚点的任何东西遗留在围栏和类似用途的童床中；

在围栏和类似用途童床附近，要避免明火和其他强光热源，如电火花、气体火焰等；

若围栏和类似用途童床任何部分损坏、撕裂或丢失，不得使用该围栏和类似用途童床；

当儿童处于围栏和类似用途童床玩耍时，不要让儿童处于无人照看状态；

当儿童开始用手或膝支撑站立时，应移去童床或摇篮摇椅上的玩具，防止可能发生缠结或勒死的伤害。

小知识：高椅类

不适用于可变换成矮椅的高椅，矮椅和矮桌以及具有婴儿学步车、推椅、汽车椅和可躺的低椅等高椅的附加功能。

◆材料：

木材：无腐蚀和虫蛀。

金属：耐腐蚀。

◆检查染色纺织品是否会对儿童造成过敏。

◆紧固件不可松落，不可因室温的变化有大的变形。

◆有胯带等保护措施，防止儿童坠落。

◆产品应无未经封口的管子，应无突出物、空洞、松动垫圈、调速装置、螺母、间隙，应无外露的锋利边棱、尖状物或毛刺。

◆构架构件或其他组件旋转或折叠时，不可产生对儿童有外力切剪、夹伤等伤害的隐患。

◆如有食物托盘，请检查产品牢固性，不可脱离高椅；同时检查产品设计，避免儿童向前滑出。

◆施用一般力检查高椅任何一条腿应不翘离地面。

◆如配有脚轮，请检查是否有锁定装置。

◆无论何款产品，注意必备持久而显著的警示：“警告：不要离开无人照看的儿童！”“无论何时，儿童应系上正确固定和调节的安全背带。”

小知识：儿童伞类

◆请检查产品铁丝头不应外露，使用过程中可接触的部位不应有伤害人体的锐利尖端、锐利边缘。

◆自开伞的按压力是否合适，标准要求应为 10N~30N。

◆开伞、关伞灵活轻便；有定位装置保证开伞后可固定；关伞可靠，不应失控；应目测是否有按压点。

◆伞帽或伞顶尖（套）的高度不大于 50mm，外形应为球形或圆

弧形，顶端直径不小于15mm。

◆请检查伞杆与手柄、伞帽间不应有移位或脱落的迹象；零件不应有脱落的迹象。

小知识：安抚奶嘴类

◆请谨慎检查安抚奶嘴是不得使用带有胶黏剂的标签和装饰的。

◆如果安抚奶嘴包含有可产生摇铃的效果的松散部件，请检查这些部件是否仅为内置的光滑珠子，且不在奶嘴头出现。

◆安抚奶嘴上的任何空洞不应能让直径超过5.5mm的圆杆通过，否则可能会卡住儿童手指。

◆把手、塞子和/或盖应为柔软材料制成。

◆产品应提供以下各项资料：

——产品安全使用的信息。

——至少一种清洗方法。

——应注明安抚奶嘴的清洗，贮存和使用时常见不适宜方法。

◆应有以下类似警告语：

“为您的孩子的安全”

“警告！”

◆使用过程中：

不要将带或绳系在安抚奶嘴上，可能会引发儿童窒息。

◆每次使用前请仔细检查，尤其是当孩子有牙齿时。将安抚奶嘴向所有方向拉伸。在其首次出现损害或缺陷时立即丢弃。

◆不要将安抚奶嘴放在阳光下直接照射，或接近热源，或放在消毒剂中的时间比推荐时间长，可能导致奶嘴头变薄弱。

◆使奶嘴头的可移取的保护部件远离儿童，以免窒息。

小知识：牙刷类

◆使用前请谨慎检查刷毛、刷柄、刷头饰件不应脱色。

◆牙刷各部位、饰件应清洁，无污物，无异味。

◆产品应有包装，包装内外应干净整洁，无污物、开裂。

◆请检查产品头部、刷柄各部位外形应光滑（特殊工艺除外），无锐变，无毛刺，其形状不应对人体造成伤害。

◆牙刷头部应不能拆卸。

◆刷毛不应有毛刺。

◆如有饰件，请检查是否在包装上有适用年龄的说明

小知识：其他——灯类

◆适用于儿童用可移动式灯具的安全要求，使用的光源式电源电压不超过 250V 的钨丝灯或单端荧光灯。

◆要求放在和水平面成 15° 夹角的平面上，灯具不应从平面滑落，灯具不应翻到，以确保产品的稳定性，在使用过程中不至发生倾倒等危险碰伤儿童。

◆不可拆卸的软缆或软线全部长度应限制在 2m 以内。

◆不可使用带开关的灯座，如有，需为穿线型开关或组合在灯体上，使儿童易接近并操作。

◆应含有防止直接接触温度过高部件的措施。

你问我答

问：家居用品通常被认定是儿童用品吗？

答：CPSC 关于家居用品的官方解释为：诸如儿童组合家具或者

儿童懒人沙发，为 12 岁或 12 岁以下儿童设计和主要供他们使用，装饰有儿童图案，为儿童量身打造，具备玩乐价值，或者在营销时主要以吸引儿童为目的，都可以被视为儿童用品。

然而，目前大多数家居用品是不会被视为儿童用品的，除非是标注有特殊的属性标志，例如摇椅、储物架、电视、数字音乐播放器、吊扇、加湿器、空气净化器、窗帘、纸巾盒、服装挂钩和衣架等，即便家长们经常会在孩子们的房间或是学校里见到这些物品，但也无法找到官方甚至大众对其认定为儿童用品的情况。再比如，家长们经常会在很多节日里看到五颜六色的装饰品，那些美丽的物品对于孩子而言往往更是具有无法拒绝的“神奇”魔力的，面对它们孩子们往往无法将视线转移。但是，家长们同样难以找到合适、全面、系统标准的规范或是约束快速识别，“它们”对于孩子而言的潜在危险，更加不会有规范来告诉家长们该如何认识和规避那些危险。在这种情况下，消费者们仍可以使用本章前面介绍的方法进行预判，用较高的评判标准为孩子打造一个相对安全的环境。

问：CD 和 DVD 被视为儿童用品吗？

答：不会。通常情况下，CD 和 DVD 因其受众人群大多是 12 岁以上的消费群体而被视为普通用途产品。但需要指出，由于产品属性较模糊、使用环境和范围较广泛，这类产品也会被 12 岁以下的儿童所接触，并产生吸引力。

问：媒体播放器和电子设备被视为儿童用品吗？

答：一般情况下不会。不过如果它们装饰有儿童图案，尺寸是为儿童打造或者在营销时主要为吸引儿童，那么他们可能被视为儿童用品。

问：含有普通用途产品和儿童用品的多件产品可以包装在一起吗？

答：可以。CPSC 提供的例子是把一个毛绒动物玩具和蜡烛包装在一起。虽然蜡烛不是儿童用品，毛绒动物玩具可能被视为儿童用品，

但是生产商应该预料到收件人可能会把毛绒动物玩具送给儿童，而自己使用蜡烛。

问：机织婴幼儿床上用品的挑选要点和日常维护如何进行呢?

答：2017 年发布的婴幼儿床上用品标准 GB/T 33734—2017《机织婴幼儿床上用品》针对 36 个月及以下婴幼儿使用的机织类床上用品（包括床单、被套、被、枕、枕套、垫、垫套、床围、床垫套、包巾等），涵盖了安全性、理化性能、外观质量和工艺质量等四个方面的要求。包括甲醛含量、pH 值、异味、可分解致癌芳香胺染料、重金属、邻苯二甲酸酯、燃烧性能、锐利物、附件抗拉强力、可触及锐利尖端和锐利边缘、填充物、耐摩擦色牢度、耐唾液色牢度、耐汗渍色牢度、耐水色牢度、绳带等项目内容。增加了产品不进行阻燃处理的建议，标准中优等品的耐汗渍色牢度、耐水色牢度指标比强制性国家标准 GB 31701—2015《婴幼儿及儿童纺织产品安全技术规范》安全等级进行了相应的提高。具体可参照标准做到日常维护。

例如，包括填充物均匀程度、图案质量、缝针质量、刺绣质量、拉链、床围固定位置等指标。根据婴幼儿可能会抓、拉、拽拉链活动部件的特点，标准中要求拉链不得外露。此外，标准要求耐久性标签应缝制于不与皮肤直接接触的位置，以防擦伤婴幼儿皮肤。

如何挑选到称心如意的家居及日用品产品

A 出色的家居及日用品产品应具备以下几点

- 安全
- 适龄
- 构造科学

◆耐用

B 挑选到满意的产品的关键环节

◆查看标牌说明信息是否齐全。产品标签上的信息应包括：

制造者名称和地址；

产品名称；

产品型号和规格；

执行标准；

出厂日期；

检验员；

危险警示；

使用说明；

检查产品质量是否存在问题。

◆按照上述章节介绍的方法根据标准中可执行的步骤和内容逐一进行排查，主要涉及：看、闻、摸。

看，即请家长购买产品前观摩产品形状、部件是否正常。

闻，即需要家长注意特别是在新打开包装的产品中是否存有特殊气味，如甲醛、霉味或其他刺鼻的气味，都说明产品有害于儿童身体健康。

摸，即购买之前，请家长一定要仔细检查产品是否存在瑕疵，各个部件、结构是否稳定，材料是否有异味、表面粗糙或易掉色等。

C 日常维护

定期检查产品是否存在破损或潜在的损坏或危险，如有发现请及时联系厂家维修或更换，或者更新产品；对于有摆放等特殊要求的，请时刻做好日常的存放工作，以确保产品不会对儿童造成伤害。

此外，请家长们着重阅读产品说明书，将商品放在合适的环境中，避免儿童意外接触的同时，有效保护产品使用寿命。

学会了多少？

学习了这么多关于家居用品的知识，你收获了多少？做个小测试吧！

1. 因为产品使用的特殊性质，儿童很难接触到电灯一类的产品，不需要任何措施即可使用。

A 对　B 错

2. 为了让儿童睡眠更加舒适，童床可以选择任何形式的木头做原料。

A 对　B 错

3. 可以选用电动摇篮式的童床方便儿童使用。

A 对　B 错

4. 可以将安抚奶嘴挂在婴儿脖子上方便使用。

A 对　B 错

5. 儿童够不到的抽屉等不需要使用柜门锁。

A 对　B 错

6. 所有的童床都应设有脚轮的产品应有锁死机构。

A 对　B 错

7. 家居用品应同时拥有安全、适龄、构造科学、耐用等特点。

A 对　B 错

8. 为了更好地消毒，可以通过太阳直射的方式杀掉部分细菌。

A 对　B 错

参考答案：

1-8：B，B，B，B，B，A，A，A。

第二章

玩具篇

对孩子而言，玩耍会在生理和心理上为他们提供许多不同程度的学习和成长机会。如果说玩耍属于孩子们的工作，那么，适当的工具可以辅助孩子们更加“出色地”完成这项工作。但是，面对丰富多彩的玩具世界，各类伤害也层出不穷，挑选安全的适合儿童的玩具就显得尤为重要。

此外，随着我国“二胎政策”的开放和实施，会有越来越多的家庭存在拥有年龄相差较大的多儿童的情况。我们知道，儿童玩具尤其是低龄儿童玩具有较为严格的适用年龄，即使是1岁的年龄差，所适合的玩具也有较大的差异。我们可能会看到这样的场景：较大儿童的玩具因为“被分享”成为较小孩子过早接触的产品，而发生难以想象的后果。那就要求我们在按照相应标准选择安全玩具的同时，还要根据家庭环境的实际情况对玩具的使用进行指导。

在这里，我们通过分析儿童用品的实际情况，结合日常选购、使用、维护中可能遇到的问题和情况，详细为家长朋友进行讲解，使孩子们在舒适安全的环境下，在玩具的陪伴中健康成长。在开始本章的介绍之前，我们先来了解几个基本的概念

一般情况下一下儿童玩具可以分为哪几类?

◆按照功能进行分类：

户外技能或活动力类：推拉类玩具、户外健身骑行车类玩具、运动器材；

操纵技能类：结构类玩具、拼图、模式制作玩具、操纵类玩具、装扮类玩具以及水类玩具；

想象力类：玩偶、毛绒玩具、木偶、场景角色扮演、场景类玩具、运输类玩具、弹射类玩具；

创造创意类：乐器类、艺术与工艺材料类、视听设备类；

学习类：游戏类、特殊技能培训类、书籍类、角色扮演或游戏互

动玩具；

思维发展和动手类：积木类、摆弄、操纵和运用类；

感性认知类：彩色套塔、吹塑玩具、各种娃娃及玩具动物类。

◆按照市场进行分类：

毛绒玩具：是由毛绒面料及其他纺织材料为主要面料，内部填塞各种填充物而制成的玩具，英文名为（plush toy）毛绒玩具具有造型逼真可爱、触感柔软、不怕挤压、方便清洗、装饰性强、安全性高、适用人群广泛等特点；

模型玩具：电动模型玩具同样地吸引小孩子及成人，如坦克车、装有警笛的小汽车等；

遥控玩具：具有高科技外表的玩具如发声、发光的电子玩具、遥控玩具和能够说话或做一系列动作的互动玩具等都很畅销；

塑胶玩具：塑胶已经取代金属、木和陶瓷，成为主要的玩具制造材料，原因是塑胶成本低、处理容易、较为安全和轻便。

儿童玩具的适用年龄是怎么回事?

我们在购买玩具的时候常常可以看到产品推荐的适用年龄，这主要是因为儿童玩具作为依托于具体要求和使用功能的一类产品，其关键性特征需要能够吸引儿童的注意力。因此，玩具产品往往被设计为具有鲜艳的色彩、丰富的声音、易于操作的特性等。但是，这正是因为儿童这一类特殊使用者群体处于不断成长的不稳定期，不同年龄阶段的儿童具有着不同的兴趣爱好，普遍是喜新厌旧的。一般来讲，儿童玩具是为特定年龄组的儿童设计和制造的，它们的特点是和儿童的年龄和智力阶段息息相关的。因此，儿童玩具的使用是以儿童一定的适应能力为前提的。

在我国，这样的界限一般被划分为 14 岁。具体的细分为：0~3 岁、3~7 岁、7~10 岁、10~14 岁。在这里，根据以上特点，我们更加细化

了玩具的年龄分类要求，如适合 6 个月以上、适合 3 岁以上、适合 5~9 岁、不适合 3 岁以下等。在接下来的内容里，我们也将对此进行详细的说明以供家长朋友参考。

小小玩具隐患多

Tommy 肚子里的小秘密

关键词：内部，尖锐零件，刺伤

危害描述：玩具内部的零件可能会穿透玩具表面，形成尖锐点，造成刺伤危险。Tommy 国际公司收到一份关于 Lamaze Munching 马克斯花栗鼠毛绒玩具致使儿童手轻伤的报告，随即于 2017 年 7 月展开物品编号为 L27578 的玩具召回。花栗鼠多色的毛发时常会吸引儿童的关注，在使用过程中，头上白色的夹子被拉动时常常会使花栗鼠震动并模仿吃附着在它胳膊上布料，形态十分生动。但是，伤害案例显示：这样生趣可爱的花栗鼠因为内部复杂的机械零件没有做到足够的保护和设计，致使玩具在使用过程中会因为表面穿刺弄伤儿童。

马克斯花栗鼠毛绒玩具

小贴士：

该玩具从 2016 年 5 月至 2017 年 7 月期间通过电商在全球范围内销售，线上价格约 16 美元。对于这一类价格较低、色彩艳丽并且形象生动的玩具，极易被消费者所选择。值得注意的是，即使是在综合性的官方网站上购买的海外产品，我们也不能放松警惕。

揭开“指尖陀螺”的恐怖面纱

关键词：指尖陀螺，高速旋转，飞溅，戳伤

指尖陀螺

危害描述：2017年中旬，继“牙签弩”之后，一种名叫“指尖陀螺”的玩具在儿童及学生群体中流行。当指尖陀螺运转起来时，玩具会高速旋转。器形尖锐的指尖陀螺存在操作不当戳伤儿童、碎裂后击伤儿童、误食吞咽等隐患。因玩指尖陀螺而导致受伤的案例已在多国发生。一名美国男童和父亲使用指尖陀螺时，指尖陀螺飞速旋转过程中，突然爆裂，四处飞溅的碎片击中男童使其受伤，伤口缝了13针。而另一位10岁美国女童在玩指尖陀螺时，误将其放入嘴中，脱落的零件卡住喉咙。

小贴士：

“忍者手里剑”“李元芳飞镖”“源氏飞镖”“三刃弯刀”……配合游戏或动漫中的人物背景，指尖陀螺被打造成具有锋利锐角、形似飞镖的形状，一支指尖陀螺最多的有八个尖角。这些玩具在各大电商平台均有公开售卖，售价从几十元到几百元不等，很多都打上了“儿童玩具”的标签，且交易量巨大。但是因其具有一定的杀伤力和安全隐患，在国际上不少国家和地区已将其列入禁止销售清单，德国官方近期销毁了35吨指尖陀螺，部分物流公司也开始停发此类产品。

不要让美丽的夜晚在噩梦中醒来

节日版米老鼠夜灯

关键词：小夜灯，液体泄漏，火灾隐患

危害描述：2017 年 2 月，CPSC 发布了关于节日版米老鼠夜灯的召回命令。根据使用调查报告显示，该款夜灯中的液体存在泄漏的风险，当液体泄漏至电源插座，极易引发火灾等险情。

小贴士：

目前市面上各类色彩斑斓的夜灯层出不穷，由于产品技术含量并不是很高，致使各类生产厂商的产品纷纷进入市场，消费者辨别能力不是较高的时候极易被低价格和外表所吸引而购买。请消费者购买此类产品时检查产品各项信息的同时还要检查产品是否完整，是否有瑕疵；此外，需要消费者谨慎使用。

入睡天使的“面具”

关键词：婴儿摇铃，木柄，断裂，窒息

危害描述：产品为 BRIO 软锤婴儿摇铃玩具，配有木制手柄，手柄的一端带白色塑料橡皮圈，另一端为红色、黄色、白色和绿色相间的锤头。锤头上印有 BRIO 的字样。摇铃长约 5 英寸（127mm）。使用过程中发现，由于摇铃上的木环存有发生断

BRIO 软锤婴儿摇铃玩具

裂的可能，有造成儿童窒息的危险，因此，CPSC、加拿大卫生部和BRIO 联合对该产品进行了召回。目前，该公司收到 7 起有关木环断裂的报告。尚未收到任何人身损伤报告。

小贴士：即使是在精心挑选儿童用品后，日常的使用过程中也请谨慎检查产品的情况。因为，一些产品隐患是随着时间的推移而逐日显现的。

美丽的“人鱼”

关键词：塑料娃娃，增塑剂，生殖系统危害

危害描述：经检验显示，由 RonGE TOYS Beautiful 生产的“美人鱼塑料娃娃”的塑料材质内含有邻苯二甲酸二乙基己酯 (DEHP)（测量值：按重量，大于 20%）。这些增塑剂可能会对儿童健康有害，造成生殖系统损伤。因此，由欧盟提出首度召回。

RonGE TOYS Beautiful 娃娃 美人鱼塑料娃娃

小贴士：越来越多的家长为儿童挑选或者是海淘国外的玩具，我们想说的是，无论国内外，都请谨慎检查好玩具的各项检测报告，时刻关注国内外相关机构的召回事件情况。

那些会膨胀的“危险”

关键词：膨胀，窒息，内脏堵塞

危害描述：这是一类放入水中即可膨胀的玩具，但是，来自得克萨斯州的一份报告显示，一名 8 个月大的女孩误食了此类玩具，当玩具被摄入时，它在体内膨胀并导致小肠堵塞，导致儿童严重不适，出

现呕吐、脱水等状况。由于该类玩具无法通过 X 光显示在体内的具体位置，最终只能通过手术将其消除。

会膨胀的水类玩具

小贴士：

虽然此类玩具标志一半会标注有“年龄 8+”，但是由于原始尺寸较小，加之遇水后膨胀体积较大，危险性仍需警惕。请消费者谨慎购买，并监督儿童使用该玩具。

拼图很小易误食

关键词：拼图，小零件，误食，窒息

危害描述：2017 年 3 月，CPSC 由于 Target tic tac toe 拼图玩具潜在有窒息危险发布了召回命令。此款玩具是 2017 年在“棋盘游戏与其他游戏”类别中首次召回的产品，原因是该玩具内部的磁铁部件在使用过程中可能会脱落，被儿童误食后造成窒息危险。此外，当吞咽两个或更多个磁体时，它们可以在人体肠道内相互吸引并可能会夹在某部分的身体组织上，引发肠梗阻、穿孔、败血症甚至死亡。

Target tic tac toe
拼图玩具

小贴士：

消费者在挑选此类产品的时候一定要着重检查零部件是否存有脱落的危险。同时，在挑选磁铁类的产品时，磁力太小也会对儿童造成伤害。

炫酷卡车会失控

关键词：电动玩具，失灵，碰撞危险

危害描述：2017 年 7 月，Cub Cadet 收到 80 份旗下设计出售的卡车玩具制动失效报告。报告显示该电动玩具驱动车的加速踏板极易将儿童脚部卡住，致使发生跌倒或碰撞的危险。

儿童卡车玩具

小贴士：

一方面，消费者在选购此类产品是一定要注意产品各部分零部件是否容易松落；另一方面，在使用过程中一定要做到监护。

仙女棒的“面具”

关键词：发光棒，电池，陀螺，误食

危害描述：2017 年 5 月，Hobby Lobby 公司收到一名 14 个月大的儿童摄入电池的危险报告。报告显示，由于该发光旋转玩具电池盖容易脱落，致使其中的电池可能会掉出，通过医院 X 射线显示电池被误食入儿童体内。

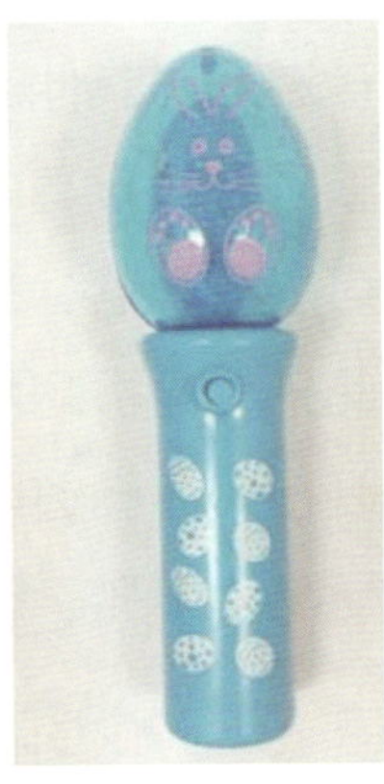

发光旋转玩具

小贴士：

在挑选玩具的时候请消费者一定要着重检查产品各部分零部件的固定程度，务必保证产品不易被儿童开启。

拨浪鼓玩具

你不知道的“拨浪鼓”

关键词：拨浪鼓，小零件，泄漏，误食，窒息

危害描述：由 Kids II Canada 公司生产的 Oball rattles 玩具摇摇球共设计有 28 个圆孔，单个球直径约 10.2cm，每个球中包装了 3 个塑料小盘容器，其中 1 个装有若干橙色珠子，另外 2 个都装了彩色珠子。自投入市场以来，该款玩具供应商共收到 42 起关于玩具球破裂的报告，其中已有 5 起都出现了由于产品破裂导致释放出的彩色珠子被儿童吞食的情况。2017 年 3 月，该款玩具被紧急召回。

小贴士：

摇铃和拨浪鼓是常见的婴幼儿玩具，家长在购买时要尽量挑选设计简单，不带小零件的产品。最简单的办法就是看产品的标签上是否注明有小零件。

套餐玩具陷阱多

关键词：赠送，腕表，隐患

危害描述：2008 年 8 月，CPSC 因为潜在的皮肤灼伤或烧伤危险发布了关于麦当劳“Step-iT”活动腕带的召回命令。这是 2006

麦当劳“Step-iT”活动腕带

年儿童服装珠宝类产品的第二次召回。自2005年以来，共有约80次类似召回，涉及约5100万个产品。

小贴士：

即使是连锁的快餐企业出售赠送的玩具也可能会存在一定的隐患而危害到儿童的安全。消费者在接收此类玩具赠品的同时，一定到提前检查是否存有小零件脱落、锐利边缘可能会造成划伤、是否存放有电池或磁铁等危险物品等隐患。

不合格的“马鞍”

关键词：进口玩具，配件，重金属

危害描述：2016年5月，国家质检总局发布了警示通报，一批德国进口的沃恩牌（WOHNSTUECKE）摇摆木马的马鞍中铬（Cr）元素含量为378mg/kg不符合GB 6675.4—2014《玩具安全　第4部分：特定元素的迁移》铬Cr不得超过60 mg/kg的要求，超标6.3倍。

沃恩牌（WOHNSTUECKE）摇摆木马

小贴士：

在购买玩具，尤其是大型玩具的时候，我们除了要注意玩具本身的安全，还要充分了解其配件，本例中的马鞍就是一个很好的例子。

看不见的“化学怪兽”

关键词：儿童牙刷帽，邻苯二甲酸二异壬酯，超标

危害案例：天津口岸在对抽查进口儿童塑料制品进行检测，检测

结果显示 8 批次产品中有 2 批不合格。不合格的产品均为牙刷帽，其中增塑剂邻苯二甲酸二异壬酯（DINP）超标达数百倍。

不合格的儿童牙刷帽

小贴士：

邻苯二甲酸二异壬酯为邻苯二甲酸酯的一种，无色、油状，作为增塑剂能起到软化作用，被广泛用于玩具、包装材料等产品中。研究表明，摄入过量会对人体健康造成危害，甚至可能影响儿童的正常发育。

如今的儿童用品款式新颖、功能繁多，但在产品光鲜的外表下面，一些暗藏的安全隐患可能会对孩子的健康形成潜在危害，要及时了解国内外儿童产品安全标准，提高产品风险评估意识，保障儿童安全；同时告诫广大玩具生产企业，要加强技术法规的收集，及时了解国内外的最新相关法律、标准，充分掌握产品的质量安全要求，提高产品质量。

你知道吗？

一般来讲，年龄和安全级别是需要标注在玩具上面的。

儿童玩具年龄标识示意图

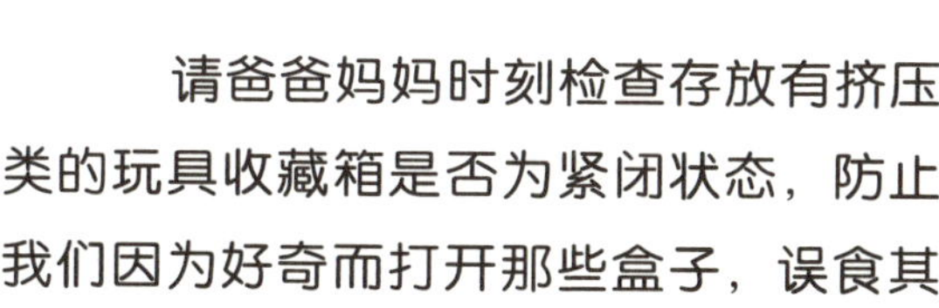

请爸爸妈妈时刻检查存放有挤压类的玩具收藏箱是否为紧闭状态，防止我们因为好奇而打开那些盒子，误食其中的部件而发生意外。

玩具收纳箱空闲状态应紧闭

枪械类玩具，枪管、枪口、枪闸等主要部位是需要有两种以上鲜艳的颜色进行明显区分的，外观颜色更不可以用黑、灰黑和金属图层设计。那些鲜艳的颜色比例应该占总面积的二分之一以上。

枪械类玩具要有颜色区分

小心锐利边缘。这样的锐利边缘是应设有警示说明的。请在我 4 岁或是更大些的时候再为我们选购。

3 岁以下儿童玩具不应含有锐利尖端

磁性玩具不能含有可以被我拆卸的小部件哦。

小心书页边缘，可能会划伤我们的小手。

小心锐利尖端。玩具中木制部分的可触及表面及边缘都是不可以有木刺的。

玩具风筝和其他有绳线的飞行玩具应附有以下警告：“不可以在高架线附近和有雷暴时玩耍”。

含有小部件的磁性玩具很危险

可以适当为孩子选择布质的图书

木质玩具请小心木刺

请确保儿童在监管下使用悠悠球

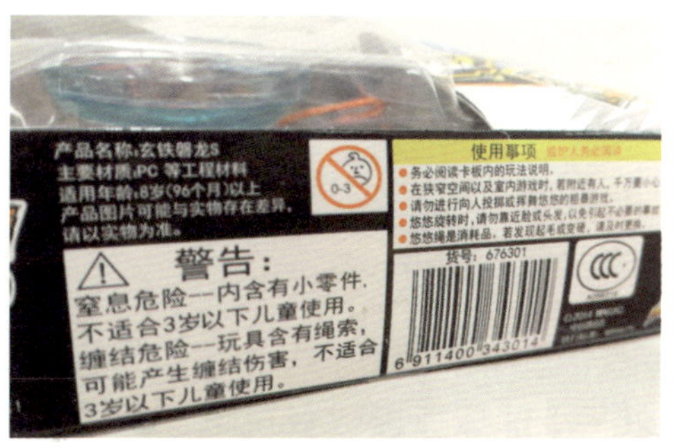

请确保儿童在监管下使用悠悠球

这样的玩具应该是设有警告标识的，请爸爸妈妈谨慎选购。我们可能会因为不小心而发生危险。另外，如果是我们贪玩过早接触了哥哥姐姐的玩具，可能会被绳子缠住而窒息，所以，请将这样的玩具置于我们看不到的地方。

玩具推车、玩具婴儿车等类似玩具在折叠处应该设有一个主锁定装置和副锁定装置，同时至少其中一个锁定装置是可以自动锁定的。

小零件很危险哦。如果我还没有长到 36 个月，请不要让我接触到这样含有小零件的玩具。

当我还是 36 个月 ~72 个月的孩子时，请在选购玩具前仔细阅读含有小零件的警示说明。

当我未满 3 岁，我的玩具是不可以包含有可拆卸小球的，更不可

缺少锁定装置的儿童玩具手推车

含有小零件的婴儿玩具

危险小球类玩具

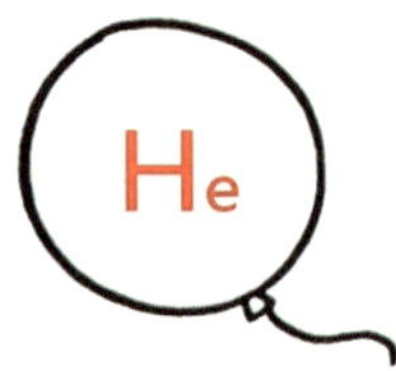

请选用氦气气球

面罩式玩具应留有通风开口

以将小球球直接给我玩哦，即使我可能会十分感兴趣。

电动童车开关松开时动力电源要自动断开同时避免玩具倾倒。使用制动装置时电源应该自动切断。电动车的最大速度不可超过 8 km/h。

气球里应充氦气，不能使用氢气，否则有爆炸危险。

封闭头部的玩具应设面积足够的通风开口，否则易造成窒息伤害。

因毛球被儿童误食造成窒息危险，毛绒玩具上毛球拉力应符合相关规定。

玩具模拟毛发阻燃性应符合要求。

当我们未满 12 岁，我们使用的艺术材料应该是无害的。

在国外，无论是作为单一玩具还是聚会中的装饰品，乳胶气球都需要被贴上警告标签以警示其存有窒息危险。

另外，时刻需谨慎充气气球一类玩具，使其远离儿童，避免因误食导致的窒息等危害。

圆类玩具（如球、弹珠等）尤其容易被我们误食，且很难从口中被取出。

谨慎检查是否有警告标签

充气气球请远离儿童

圆类玩具需谨慎

8 岁以下儿童
需在监护下接触气球

气球玩具："警告！未充气或破裂的气球，可能对 8 岁及以下儿童产生窒息危险，需要成人监护下使用，将未充气的气球远离儿童，破裂的气球应立即丢弃。"

请谨慎挑选合格的毛绒玩具

毛绒玩具容易隐藏病菌，也极易引发儿童皮肤过敏、哮喘和一些呼吸道疾病。一些毛绒玩具填充物可能含有甲醛等有害化学物质，我们接触这类不合格产品会流泪、起红斑，甚至诱发皮肤病或其他传染病。

请谨慎挑选合格的毛绒玩具

毛绒玩具极易隐藏病菌，作为一类我们时常会长时间亲密接触的玩具，不清洁极易引发我们皮肤过敏、哮喘等疾病的入侵。所以，一定要在正规的渠道购买正规的、合格的产品。在日常使用中，也请监督我们毛绒伙伴的卫生情况。

目前，国内外关于玩具中有害化学物质的研究，已经发现儿童玩具中的有害物质主要有重金属、增塑剂及部分有机物等。这些有害物质可通过唾液、汗液等多种途径进入儿童体内，对儿童的身心健康产生危害，所以这就对玩具厂商提出了相应的要求：玩具产品在制造时应考虑可能与儿童的接触方式，包括吞咽、舔舐、吮吸、长时间与皮肤接触等，不应通过这些途径造成有毒

请谨慎选择儿童贴纸类玩具

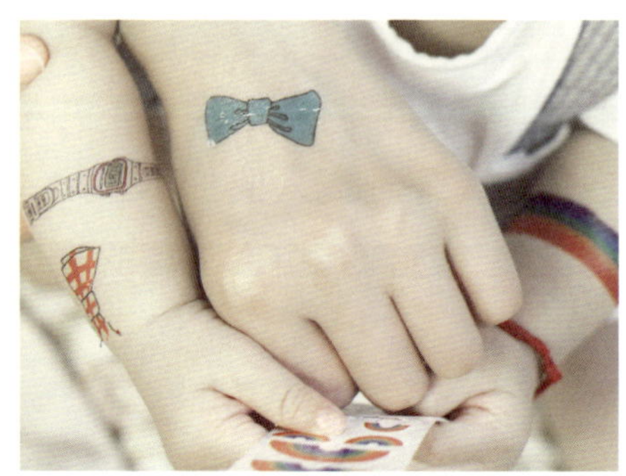

贴纸中的化学元素
可能会通过皮肤进入体内

有害的物质对儿童的伤害。

那么，先让我们认识一下玩具中有哪些影响我们健康的有害物质吧！

玩具中的重金属

玩具中可能含有的重金属元素主要包括锑、砷、铅、钡、汞、镉、铬、硒。

（1）铅，它能影响神经、造血、消化、泌尿、生殖发育、心血管、内分泌、免疫、骨骼等系统。它影响婴儿的成长和智力发育，损害认知功能，神经行为，学习和记忆等大脑功能，严重的导致痴呆。铅经常存在于鲜艳的涂料中，包括塑料玩具使用的色母中也会含有铅。

（2）汞，电池和玩具涂料生产中经常使用的原材料，可通过呼吸道、消化道、皮肤等途径侵入人体，造成有毒物质蓄积，造成多器官功能损害，而且儿童汞中毒造成的伤害较成人更为严重。

（3）镉是一种能在人体内蓄积的毒物。大多数儿童玩具（如木材、金属、塑料和纸玩具）都涂有彩色涂料或颜料，其中镉含量很高，当孩子长时间接触这种玩具时，镉通过手口途径被吸收到体内蓄积，造成长期伤害。

（4）铬，常作为颜料和染料的重要组分，而颜料为绝大多数玩具的基本成分（比如手指画染料），所以易因儿童接触而造成伤害。

所有的铬化合物都是有毒的，可以通过消化道、呼吸道、皮肤和粘膜侵入人体，对人体的毒性是全身性的。铬对皮肤黏膜具有刺激作用，可引起皮炎、湿疹；对呼吸道有刺激和腐蚀作用，能引起鼻炎、咽炎、支气管炎，严重时甚至可使鼻中隔糜烂，甚至穿孔；此外，它还有致癌作用。

（5）硒，大家都知道硒是生命必需的微量元素，然而人体中硒摄入量并不是越多越好，玩具涂料中含有硒元素，摄入过量硒易导致中毒、发育迟缓、脱发、脱毛、甚至死亡。

（6）锑，常存在于某些塑胶玩具中，会刺激眼睛、鼻子、喉咙和皮肤，持续接触可破坏心脏及肝脏功能，吸入高含量的锑会导致锑中毒，症状包括呕吐、头痛、呼吸困难，严重者可能死亡。

（7）砷，也是常存在于玩具涂料中，可与细胞中酶结合，抑制人体细胞氧化过程，还能麻痹血管运动中枢，使毛细血管麻痹、扩张及通透性增高，重症可出现休克，肝脏损害，甚至死于中毒性心肌损害。

（8）钡，常存在于玩具彩泥或涂料中，钡的毒性作用与其溶解度有关，溶解度愈高，毒性愈大，易因儿童频繁接触而吸收，从而危害儿童的健康。一旦摄入这种可溶性钡化合物，很容易引起神经系统中毒，造成肌肉麻痹和严重的低钾症状，危及生命。

小心增塑剂超标

聚氯乙烯（通常称为 PVC）是一种在玩具制造业中被广泛使用的通用型热塑性树脂，但它熔点高，难于加工成型。因此，加工时会加入增塑剂以提高它的可塑性，使产品具有耐热和耐寒特性，同时可使玩具变得柔软有弹性，手感好。而邻苯二甲酸酯就是一种使用最广泛，性能较好也最廉价的增塑剂，其中有 6 种为玩具产品中经常使用的增塑剂，名称分别为：邻苯二甲酸二异辛酯（DEHP）、邻苯二甲酸二丁酯（DBP）、邻苯二甲酸丁苄酯（BBP）、邻苯二甲酸二异癸酯（DIDP）、邻苯二甲酸二辛酯（DNOP）、邻苯二甲酸二异壬酯（DINP）。

研究证实，邻苯二甲酸酯类增塑剂可以经口、呼吸道、静脉输液、皮肤吸收等多种途径进入人体，对机体多个系统均有毒害作用，尤其是处于发育早期和分化发育敏感阶段的儿童和孕妇，被认为是一种环境内分泌干扰因子。研究人员进行的动物实验表明，该物质会影响人体激素系统，特别是成长期的儿童，增塑剂可能会影响其生理功能和荷尔蒙分泌，造成男童女性化、女童性早熟等。

细说我们身边的标准

为了保护儿童的健康，我国制定了多个玩具标准用于控制产品质量。截至目前，我国制定和发布实施的各类玩具标准，形成了较为完整的玩具安全标准体系。

玩具产品的国家标准中，涉及安全的标准基本等同或等效采用相应的国际标准或欧盟的地区标准，如：GB 6675—2014《玩具安全》主要技术要求等同采用了 ISO 8124-1：2000《玩具安全　第 1 部分：机械和物理性能》、ISO 8124-2：2000《玩具安全　第 2 部分：燃烧性能》、ISO 8124-3：2000《玩具安全　第 3 部分：特定元素的迁移》。

我国现行的主要玩具类标准

标准编号	中文标准名称
GB 6675.1—2014	玩具安全　第 1 部分：基本规范
GB 6675.2—2014	玩具安全　第 2 部分：机械与物理性能
GB 6675.3—2014	玩具安全　第 3 部分：易燃性能
GB 6675.4—2014	玩具安全　第 4 部分：特定元素的迁移
GB 6675.11—2014	玩具安全　第 11 部分：家用秋千、滑梯及类似用途室内、室外活动玩具
GB 6675.12—2014	玩具安全　第 12 部分：玩具滑板车

续表

标准编号	中文标准名称
GB 6675.13—2014	玩具安全　第 13 部分：除实验玩具外的化学套装玩具
GB 6675.14—2014	玩具安全　第 14 部分：指画颜料技术要求及测试方法
GB 29281—2012	游戏围栏及类似用途童床的安全要求
GB 19865—2005	电玩具的安全
GB 5296.5—2006	消费品使用说明　第 5 部分：玩具
GB 24613—2009	玩具用涂料中有害物质限量
GB 26387—2011	玩具安全 化学及类似活动的实验玩具
GB/T 22048—2015	玩具及儿童用品中特定邻苯二甲酸酯增塑剂的测定
GB/T 22788—2016	玩具及儿童用品材料中总铅含量的测定
GB/T 23154—2008	进出口玩具填充材料安全要求及测试方法
GB/T 23157—2008	进出口儿童可携持游泳浮力辅助器材安全要求及测试方法
GB/T 27689—2011	无动力类游乐设施　儿童滑梯
GB/T 22788—2016	玩具及儿童用品材料中总铅含量的测定
QB 1557—1992	充气水上玩具安全技术要求
SN/T 3300—2012	儿童仿真饰品判定指南
HJBZ 16—1997	儿童玩具

各类标准的规范下，哪些是家长在选购时可以用到的呢，下面的小知识将为您介绍：

小知识：玩具机械与物理性能

◆范围：新生婴儿至 14 岁儿童使用的不同年龄段的玩具。

◆玩具、玩具部件及固定玩具的紧固部件需要有足够的机械强度，

应有足够的稳定性以承受使用中可能受到的应力，以防止玩具因破裂、变形而引起伤害危险。

◆玩具可触及边缘、突出物、绳索、电线和紧固件应尽量少。

◆玩具的设计和结构应避免玩具部件的活动对人体产生危险，或将此危险减少到最低程度。

◆玩具及其部件不应存有任何绞扼窒息、堵塞口鼻腔外部呼吸道或是隔绝空气流通而导致窒息的危险。

◆所有玩具的材料目视检查应清洁干净，无污染。

◆膨胀材料膨胀后不应超过原始尺寸的 50%。

◆ 36 个月以下儿童使用的玩具不应包含有小球或含有可拆卸的小球；36 个月以上但不足 96 个月儿童使用的玩具如含有小球或含有可拆卸的小球，应设有警示。

◆玩具销售时采用的包装不应存在任何勒死或因堵塞口鼻腔外部呼吸道而导致的窒息危险。

◆食物中或与食品混在一起的玩具应单独包装，且其包装的尺寸应避免被儿童吞咽或吸入。

◆水上玩具的设计和制造应尽量考虑按照玩具的推荐使用方法，尽可能减少玩具失去浮力和儿童失去支撑的危险。

◆对于进入其内部且进入后对进入者构成封闭空间的玩具，应配备使进入者能容易从里面开启的出口。

◆电力驱动的乘骑玩具最大设计速度应予以限制，以便将伤害风险降到最低程度。

◆玩具的任何可触及表面的最高温度和最低温度均不应造成伤害。

◆玩具内部含有液体和气体所达到的温度或压力，应不致于导致其从玩具内部溢出（除因玩具的正常功能所必需）而造成灼伤、烫伤

或其人身伤害。

◆声响玩具在设计和制造时应确保其发出的最大脉冲噪声和连续噪声不应损害儿童听力。

◆活动玩具在设计和制造时，应尽可能减少其对身体部位的挤压和限制、或令其衣服受到牵绊，以及跌倒、冲击和溺水等危险。特别是一个或数个儿童在其表面玩耍的玩具，其表面设计载荷应可承受这些儿童的体重。

◆玩具，特别是化学游戏玩具，不得含有以下物质：（1）混合时，会因化学反应或加热而引起爆炸；（2）当与氧化物混合时会引起爆炸；（3）含有在空气中易燃和易于形成易燃或易爆气体／空气混合物的挥发性成分。

◆ 96 个月以下儿童使用的玩具可触及金属或玻璃边缘不应为锐利边缘。其中，36 个月以下儿童使用的玩具不应有可触及的功能性危险锐利边缘；36 个月以上但不足 96 个月儿童使用的玩具（如玩具剪刀、玩具工具盒等）如有功能性边缘应设有警示，且不应存在其他非功能性锐利边缘。

◆ 96 个月以下儿童使用的玩具的可触及金属边缘不应含有危险的毛刺或斜薄边。

◆玩具中螺栓或螺纹杆可触及的末端不应有外露危险的锐利边缘或毛刺、或其端部应光滑。

◆玩具的供电额定电压不应超过 24V 直流（DC）或等效交流（AC）电。

◆玩具的安全认证工作按国家有关法律、法规、规定执行。如国家对童车、塑料玩具、电玩具、金属玩具、弹射玩具、娃娃玩具实施国家强制性产品认证（CCC）。

◆对于存在同一性的、危及儿童健康和安全的不合理危险的玩具，

按《儿童玩具召回管理规定》执行。

小知识：填充玩具类

◆范围：14 岁及以下儿童。

◆包括有：毛绒、布制玩具；软体填充玩具；液体填充玩具。

◆填充材料应是新的，或经过处理（且处理后的有毒物质污染水平不应超过新材料的污染水平），且应无来自动物或昆虫的污染。

◆颗粒填充物应用一个内袋包裹，且内袋不能作为玩具的外表面。

◆由膨胀材料制成的，任何部分的膨胀不应超过原始尺寸的 50%。

◆供 36 个月及以下儿童使用的玩具中填充物不应完全容入小零件试验器。

◆玩具锐利边缘、锐利尖端、拼缝拉力都应经过标准的测试。也是家长朋友在挑选玩具时着重需要注意和检查的。

小知识：涂料玩具类（指画颜料）

◆范围：供 14 岁以下儿童使用。

◆指画颜料不应有甜味、香味或其他吸引儿童的味道，应加入以下任意一种苦味剂以减少儿童吞咽的可能性：橘皮苷；苯甲酸地那铵。

小知识：其他国家和地区的玩具标准

世界范围内还有许多标准，例如：

国际玩具标准（ISO 8124）；

欧州：玩具产品标准 EN 71、电子玩具产品的标准 EN 62115、电磁兼容 EMC、REACH 法规；

美国：消费品委员会 CPSC、美国材料与试验协会 ASTM F963、美国食品药品管理局 FDA；加拿大：加拿大危险品产品（玩具）条例；

英国：英国安全标准协会 BS EN 71；

德国：德国安全标准协会 DIN EN 71，德国食品及日用品法 LFGB；

法国：法国安全标准协会 NF EN71；

澳大利亚：澳大利亚安全标准协会 AS/NZA ISO 8124；

日本：日本玩具安全标准 ST 2002。

小小标签用处大

在购买玩具或其他产品的过程中如果想要了解该产品的信息，消费者往往会观察这个产品表面粘贴或悬挂附带的标识，那么家长们知道粘贴或悬挂在儿童玩具上的小标识有哪些需要我们注意的地方吗？

通俗来讲，玩具商品的标识、使用说明是向使用者传达如何正确、安全使用产品的重要信息工具。它通常以标签、标识、使用说明书、标志等形式表达。它可以用文件、词语、标牌、符号、图表、图示以及听觉或视觉信息，采取单独或组合的方法使用。它们通常直接压印、粘贴、缝制或悬挂在产品上、包装上。

比如下面这个积木玩具，它的标识就是直接印制在包装上的。

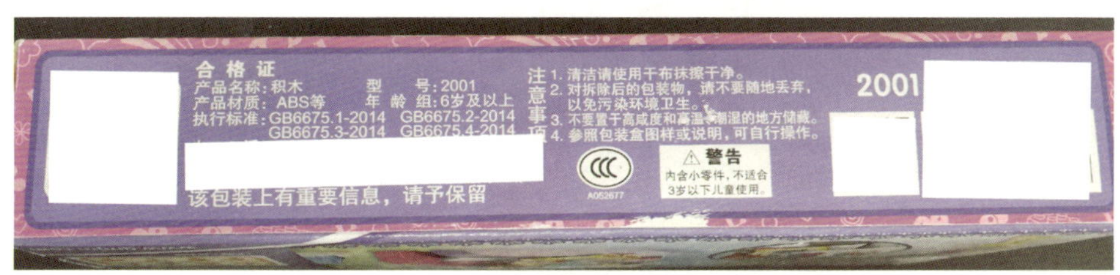

直接印刷在包装上的标识

家长们在购买玩具产品时请注意产品应包含与其对应的标识或使用说明，标识或使用说明应能使各位家长或由家长指导小朋友正确安全地使用玩具，将使用不当造成的伤害降到最低。

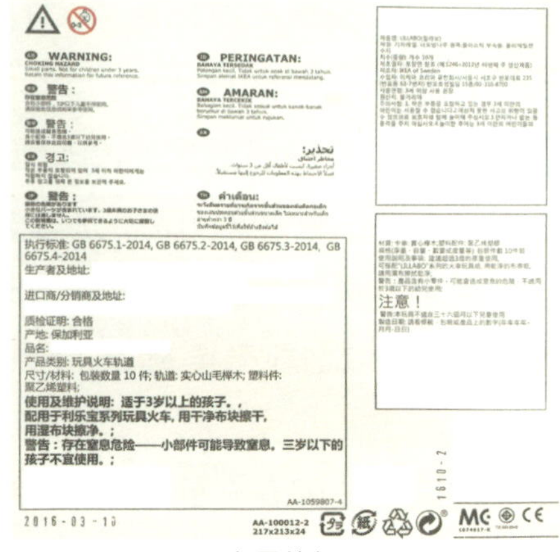

玩具产品的标识

作为玩具产品的重要组成部分，标识或使用说明应包括以下信息：产品名称、产品型号、产品标准编号、产品适用年龄范围、毛绒布制玩具材质主要成分的名称和含量、安全使用方法及组装图、维护和保养信息、安全使用期限、生产者、经销者的名称地址等。

家长们在购买以下六类儿童玩具时还应注意中国强制性产品认证标识，也就是我们常说的“3C 认证”，这六类玩具包括：童车、电玩具、弹射玩具、金属玩具、娃娃玩具和塑胶玩具。就要关注玩具上是否有“3C”标识。

另外还需注意的是，对使用中可能造成伤害的玩具，应有安全警示说明或警示标志。安全警示的标注应采用耐久性标签，并且应永久地附在产品和 / 或包装上。由于产品结构或尺寸影响，不便附在产品上的安全警示，应附在包装或使用说明书上。

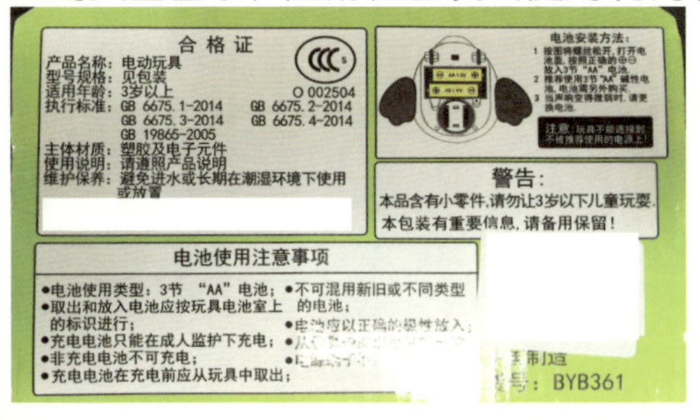

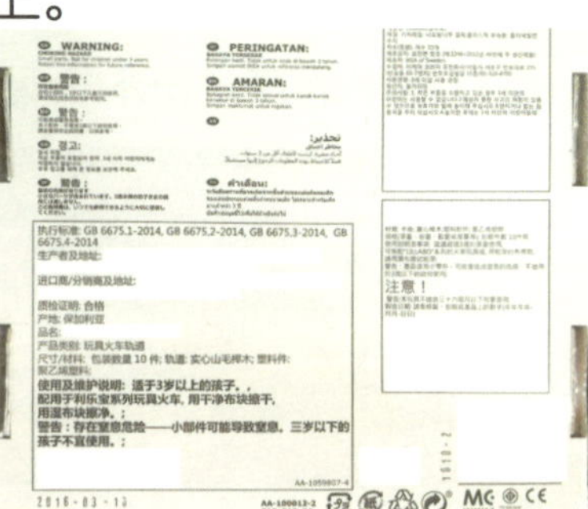

玩具的标识信息举例

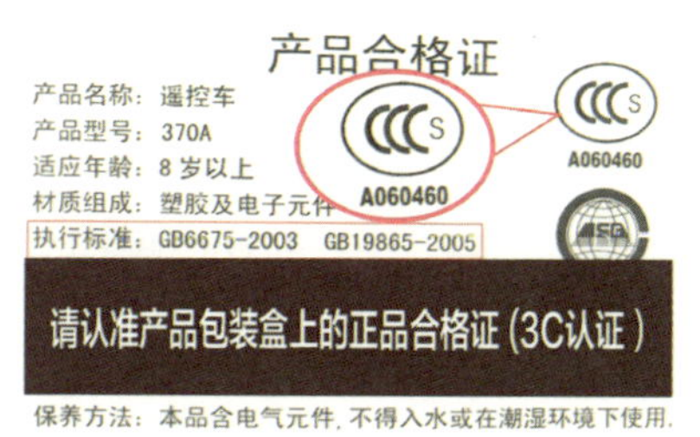

电玩具产品的“3C 认证”标识

玩具标识的安全警示说明

小贴士：

在国内销售的玩具产品，标识或使用说明应使用规范的汉字，汉字、数字和字母的尺寸应不小于五号字体。“危险”“警告”“注意”等安全警示的字体应不小于四号黑体字，警示内容的字体应不小于五号黑体字。

举例：

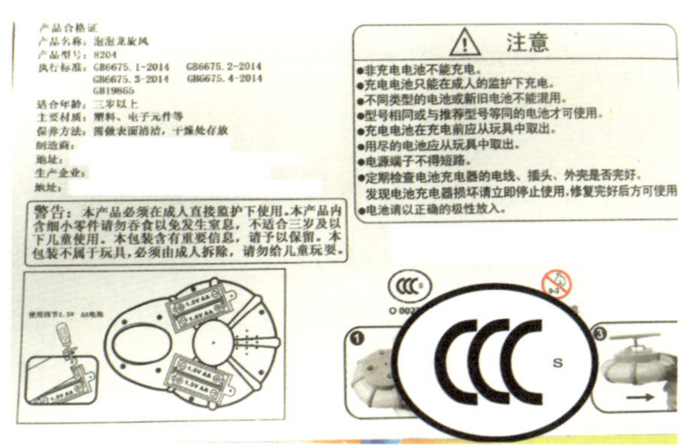

安全警示说明的字号要求

你问我答

问：棋类游戏被视为儿童用品吗？

答：CPSC 认为，传统的棋盘和桌上游戏，比如象棋、跳棋、五子棋、扑克牌或中国跳棋被普遍承认对儿童和成年人具有同样的吸引力，因为难度的增加或减少取决于玩家的技巧。这类游戏和类似的游戏被消费者公认为对一般受众具有吸引力，不被视为儿童用品。但是，如果

生产商在产品或其包装上增加了功能，使其对儿童更具吸引力或者更适合儿童，那么这个产品可以被视为儿童用品，而不是普通用途产品。具体地说，比如棋盘游戏玩具类产品，如果有少儿版和普通版，少儿版可能会被视为儿童用品，普通版则不会。但是，一旦被普遍视为普通版的棋类游戏包含或是新增了对 9 岁以下儿童极具吸引力的小零部件，则应被视为儿童用品。

问：为儿童设计和主要供他们使用的科学工具套件或其他“工具套件”被视为儿童用品吗?

答：如果确定“工具套件”是为儿童设计并供他们使用的，那么工具套件里的所有物品都被视为“儿童用品”，其必须符合相关标准。比如，一般被视为普通用途产品的曲别针，一旦放在某一类儿童玩具套件中，成为套件的一部分，就会被视为儿童用品。此时，生产商有责任确保其符合儿童用品安全标准。

问：艺术材料和手工艺工具套件被视为“儿童用品”吗?

答：根据 CSPC 解释为儿童量身打造、装饰和营销的艺术材料，包括艺术和工艺工具套件，比如蜡笔、指画颜料和橡皮泥被视为儿童用品。不是专门以儿童为营销对象的手工艺工具套件和材料很可能被视为普通用途产品。如果艺术材料可能对健康造成长期不利影响，则需要该材料加上适当标签。

儿童玩具选购小指南

玩耍是孩子的天性，玩具是孩子童年最亲密的小伙伴。有趣又新奇的玩具陈列在商店货架上时，妈妈们一般会认为它们已经通过了严格标准的检验，不会伤害宝宝，但是情况并非如此。有的玩具含有可能含有伤害宝宝的物质，有的玩具有尖利的边角易导致宝宝受伤。在我国，每年大约有超过 10 万名儿童因为玩具而发生事故，需要去医

院治疗。怎样保护家中的宝贝？不要紧张，有很多种方法可以保证孩子的安全，我们将为您介绍如何选购及安全的使用玩具。再买玩具时，采取下面这些步骤吧！

A 购买玩具之前应该考虑的问题

◆改变你的思维模式。

家长们太过于依赖于玩具产品包装上“符合国家标准”的字样，而忽视了要时刻保持自己的警惕心。只看到品牌名称或价格标签，永远不能了解一个玩具的真实模样，需要家长们自己评测安全度，评估它是否可以购买。专家建议，第一步就是留意小零件，如容易被小宝宝吞咽的塑料环或小塑料珠，或者是毛茸茸的 Teddy 熊晶亮的塑料眼睛。请记住，一个长于 25cm 的拉伸型玩具，有可能会勒住孩子；而风筝及其他飞行玩具的绳索，长度大于 3m 时应采用非金属材料制成。

我国的儿童玩具安全标准中规定，拖拉类玩具所使的拉绳，长度大于 30cm 时，不能有活结或容易形成活结的扣件。而供 3 岁以下儿童使用的这类玩具，不能使用细于 1.5mm 的绳索。在选择时，如果觉得玩具有危险，一定要相信自己的直觉。

◆不要被“进口”标签所蒙蔽。

爸爸妈妈们一般都比较担心国内非名牌的玩具有问题，却忽视了一个有精美进口标签的产品，也可能是在进口国组装，却拥有来自世界各地的零部件。不要忘记，一些进口玩具也屡有召回。专家指出，如果玩具含有危险的磁铁，最麻烦的问题是在于它本身的设计缺陷，而不是制作方法的问题。据统计，在过去的 20 年中，被召回的玩具有 60%~70% 是由于设计错误，而制造问题（如油漆内含铅）仅占 10%。玩具要“大牌”，但是评定者是你自己，而不能只依靠品牌的

公信力。

◆网购时多加留意。

网络购物的相关法律还不健全，网络销售商，尤其是网上的私人零售商，消费者的后期服务和质量保证效益有限，因此，妈妈们要格外留心你在网上订购的礼物，购买前查看产品真品图和产品包装图片。

许多网上零售商会让你在邮寄时写上给朋友或家人的祝福，你需要在已经确认产品无误后再进行邮寄，或者建议朋友们注意。或者，可以上网去消费者协会的网页上查询，看你在网络上购买的物品是否名列黑名单。朋友们送来的网购玩具，也要细细查看一下有没有哪些部分会对宝宝造成伤害。

◆放弃那些噪音太大的玩具。

宝宝长期接触声音大的玩具会引起听力损伤。如果玩具发出的声音超过 90 分贝时，那真的是一种伤害身体的噪音了。在玩具店里购买前，先按一下按钮，听一听效果。另外，还要考虑到孩子们和玩具扬声器的距离，他是把玩具抱在怀里，还是放在身边或者房间其他角落。相信自己的判断力，如果你觉得它声音大，那么它的声音很可能真的不适合宝宝。

◆谨慎提防磁铁和电池。

如果孩子吞进去 2 个或者更多的磁铁，体内的吸力会导致肠道的致命损伤。因此，对于喜欢把东西放进嘴中啃咬的小孩子，易松脱磁铁的玩具有较高危险性。

另外，小心发音图书、音乐贺卡和电子手表中的纽扣电池。孩子不小心吞下的纽扣电池会在体内移动，停留在消化道中，造成组织损伤。如果孩子吞食的电池还有电量，它还会因含有电流而导致体内烧伤。为了安全起见，要将有电池的书和其他物品放在货架的高处，让孩子拿不到。

B 购买玩具时的四步曲

◆读。

家长们在挑选电玩具、弹射玩具、金属玩具、娃娃玩具或塑胶玩具前一定要注意阅读产品的标识信息。一般，正规厂家生产的产品按照国家标准要求都是需要在玩具上印刷、粘贴或缝制玩具的标识，也就是我们常说的强制性产品认证（“3C”）标识。如果儿童玩具没有3C标识，那么按照国家要求，该类产品是绝对不允许出厂、进口甚至销售的。

此外，我们还需要认真阅读以下信息：

（1）读标牌产品信息。特别需要提醒家长们的是选购前一定要注意产品上标注的适用年龄和警示语。“适用年龄：3岁以下”“内有小配件，请在大人监督下使用”“防止玩具眼、鼻、纽扣等配件被儿童吞食”“打开包装后，请立即将包装塑料袋弃置。”“非救生用品，只能在浅水中使用”等标语都需要引起我们的格外注意和重视。因为，3岁以下的小朋友会经常习惯性地吮吸、舔食可以接触到的所有物品。在为他们选购玩具的时候，我们就不能够选购那些带有小零件或是存在有零件或部分脱落隐患的产品，防止造成儿童窒息等危险。这主要有两重意义：第一，玩具本身是为该年龄段的儿童设计的；第二，不在此年龄段的儿童使用该产品存在危险性。

因此，在玩具标识和使用说明中最重要的有以下几点：一是适用“年龄范围”。不同年龄段的玩具，安全要求不同，如适合3岁以上儿童的玩具可能不适合3岁以下儿童玩，这主要从儿童智力发育与安全因素两方面考虑。再如，含有锐利尖端和边缘的儿童玩具是儿童玩具中一个重要的危险隐患。供8岁以下儿童使用的玩具中不应含有可触及的危险锐利尖端和边缘，而供3岁以下儿童玩耍的玩具中禁止存

在可触及的功能性锐利尖端和边缘；二是"安全警示"。这是避免儿童误用或在使用过程中疏忽照顾容易造成危险的重要指示，所以对"警示""注意"及内容均有字体要求，目的要醒目，便于消费者看清，有效起到"警示"的作用；三是"制造商或进口商的名称和商标"，这是玩具造成事故时追溯的依据。

（2）读使用说明。例如毛绒玩具的使用说明，至少应该包含有产品名称、生产厂名、厂址、联系电话、主要材质或成分、填充物的成分及清洁保养、执行标准代号、适用年龄范围、安全警示等。为了儿童的身心健康，请家长一定不要购买"三无"产品。此外，我们常常会发现一些玩具的包装上会印有中文、英文甚至是我们并不熟悉的语言说明，乍一看我们会误认为是原版的授权品，但是，仔细检查后发现产品既没有原版商标，更没有原版授权的商标圈 C 或 R 的标志，也没有任何的防伪粘贴，如果不谨慎检查，很容易认为是进口玩具而选购给孩子。

◆看。

（1）看外观。对于那些可能会被儿童误食或吞下的带有小部件的玩具、带有锐利尖端或是粗糙边缘的玩具、在最大压缩状态下很可能会被儿童塞入口中的软体摇铃、挤捏玩具、出牙器等玩具，家长们一定不要选购。

（2）看实物。例如，在选购毛绒玩具一类的产品时，家长朋友们一定要着重检查产品外观是否饱满、手感是否柔软且富有弹性，玩具的内容填充物是否充足均匀，无结块，无异味，拼接是否牢固，填充料是否易从拼缝中露出，玩具上的小零件，例如眼睛、鼻子、嘴巴、小饰品等是否粘贴牢固，如存有金属件是否存在锐利边缘或是毛刺的现象。如发现上述任何情况，请家长们一定不要选购。

（3）看包装。家长们为孩子选购的玩具是配有塑料包装或是其

他包装物的，那么，请确保拆封后包装被及时收纳或是丢弃，以远离儿童。一般，正规的玩具包装应该是精良的，具有良好的封口和印刷。如果我们在选购时发现产品包装上的文字图案印刷模糊，产品包装质量层次不齐，请谨慎选择。或是查看一下该产品的官方网站，检查玩具是否为盗版产品。

（4）看有效日期。有些产品是指定在有效期内使用的，可避免使用过期产品。

（5）看使用方法。复杂的玩具，如儿童自行车、学步车、电脑学习机等，应有详细的使用方法及注意事项。在选购时应注意这一点。

（6）看组装程序图。组装玩具不论是由成人组装或儿童自行组装都应有组装程序图。

◆查。

例如，家长们在儿童使用毛绒玩具前请先摸摸玩具是否柔软舒适，仔细检查玩具表面是否有毛刺，有没有尖锐的边缘和棱角，有无易脱落的小零件，玩具的空隙是否容易造成孩子肢体夹伤等，有线绳类的玩具，要查看绳索的长度，一般不要超过 30cm，以避免玩具对孩子造成伤害；用鼻子闻一闻玩具，检查玩具是否具有刺鼻异味，防止不环保的涂料或材质影响孩子的身体健康。寻找导致窒息或划伤的危险隐患。

在包装上寻找玩具说明，检查产品是否含有一些对 3 岁以下儿童来说比较危险的零件。如果包装可以拆开，你最好亲自检查一下。一些玩具虽然可以通过制造商的安全测试，却仍可能构成威胁。如果产品有可拆卸的小零件，在不压扁的情况下就可以被孩子的喉管吞入，那么这种产品绝对不可以买给孩子。当然，孩子们也有可能将嘴里的东西嚼扁，并且吞下去。买玩具的时候，就要想到避免买这种玩具。另外有些玩具的棱角比较锋利或者质地比较粗糙，而孩子的嫩皮肤绝

对经不起这样的摩擦，因此，当你看到木质或者金属玩具时，先仔细地触摸，再做决定。买给孩子的东西，一定不能只将精美的外表摆在第一。

◆模仿。

家长们可以像孩子一样摇晃玩具和拉动玩具上的小附件，特别是毛绒玩具上的眼睛和鼻子等，查看玩具的部件有无松动或脱落。不要轻视小朋友的力气，要知道，很多 3 岁左右的小朋友拉力就可以达到 60N~70N 呢！试听一下玩具的声音，检查一下玩具上灯光的亮度，确保玩具发出的声音悦耳、光线适宜，以免噪音或强光伤害孩子的视觉和听觉。

当然，在确保上述基本信息无误且玩具产品基本性能能够被保证的同时，升级化的服务即是家长们在挑选此类产品时还应遵循以下条款。一项好的玩具即需要具备：

（1）适合于玩具标记年龄段的儿童使用，耐用且结构稳定，是否耐摔、耐嚼（婴孩喜欢啃玩具）、耐洗；

（2）对于儿童具有吸引力，能够使儿童极具兴趣，让孩子参与其中。孩子喜欢接受挑战，除了选购适合孩子年龄玩的玩具，也可以选购比孩子年龄大一点玩的玩具。父母玩，孩子从中模仿；

（3）有益于儿童身心，有助孩子身心发育的玩具这是最重要的“功能”。依据不同年龄，选择一样对孩子身心发育有提升帮助的玩具；

（4）对儿童心理和社交能力的培养有积极影响力。

当然，上述提到的能力和兴趣即是在儿童的各个年龄段使用不同类型产品时相对应表现的生理、心理和社会能力和兴趣。最直接的方式则是观察孩子在使用时的表现。

需要特别注意的是 18 个月以下儿童的玩具选择：

18 个月以下的宝宝谨慎选择有毛的玩具，如劣质的毛绒类玩具、

布绒类玩具会让宝宝呼吸道感染或者皮肤过敏。

18 个月以下的宝宝尽量避免本身有印刷的玩具，宝宝随时都会拿起玩具来啃咬，很容易将印刷在玩具上的油漆吞入到肚子里面。

18 个月以上的宝宝对事物已经有了一定的认识，可以选择一些安全的电子类的玩具如电动车等，或者有教育意义的玩具如积木、拼图等，可以开阔宝宝的视野。

18 个月以下的宝宝最喜欢做的事情就是用嘴咬、用手摸、到处爬，所以不能咬的、带电的、易脏的、刮手的玩具尽量不要玩。18 个月以下的宝宝最需要的就是牙胶——一款摇一摇就会响的牙胶，会让宝宝随时都会有想咬一咬的兴趣。

C 玩具使用中应该注意的要点

◆定期检查。

玩具作为常被儿童接触和使用的一类特殊产品，家长们需要经常检查，例如，玩具在长时间使用后，是否有锋利的边角或碎片；是否存在零件松动；旧的毛绒玩具有无脱毛情况。如果发现有上述问题就要及时对玩具进行清理了。

此外，家长们需要定期检查所有玩具是否存有破损和潜在的隐患，一经发现应及时修理或丢弃。在日常生活中，应确保玩具整理箱或玩具架上玩具的稳定性，确保儿童不会在缺乏监护人陪伴时自行打开。

儿童玩具最常见的安全隐患是机械伤害，如：跌伤、割伤、勒伤、夹伤、刺伤、咽下和吞入异物和窒息伤害等；其次铅超标、毛绒玩具中致病菌、电动玩具电池的化学物质、玩具噪声等对儿童的伤害也不可小觑。童车常见的安全隐患主要是安全防护装置不合格和机械强度不达标。儿童家具常见的安全隐患是有害物质含量超标和倾倒、夹伤等机械伤害。家长可以针对不同玩具有针对性地检查。

◆定期保养。

可以根据说明书上提供的方法对玩具进行维护保养，对于婴幼儿的玩具玩具应注意清洁和消毒的方式方法，例如是否可以水洗或者高温消毒；充电玩具应注意充电导致的寿命减少和过热导致的诸如爆炸等风险；电池使用完应尽快取出等。

◆定期清洁。

可用清水、洗衣粉和肥皂清洗宝宝使用过的玩具，漂洗干净后在太阳下晾晒消毒。但对于宝宝可能放入口中的玩具最好用婴幼儿玩具专用清洗液或消毒液进行清洁。清洗的频率可按照下面的情况掌握：经常把玩的玩具，比较容易被弄脏，玩具上的细菌也较多，这样的玩具可以按照一周两次的频率进行擦洗；对于比较少玩，也比较少被丢到地上、或被宝宝弄脏的玩具，可根据情况定为两周一次或一个月一次。

◆做好收纳。

尽量选择有盖的储物箱收纳玩具，避免玩具落灰，造成清洗不便。

同时提醒家长们在拆开玩具包装袋后，及时将塑料袋包装破坏丢弃。因为孩子有可能将塑料袋当做玩具套在口鼻处，带来窒息危险。

◆做好陪伴。

使用过程中请家长谨慎：（1）确保儿童，特别是三岁以下儿童的嘴中没有任何小部件；（2）提醒 3~4 岁儿童远离小部件；（3）提醒较大年龄的儿童不要让年龄小的幼儿接触到那些部件。

你学会了多少？

学习了这么多关于玩具的知识，你收获了多少？做个小测试吧！

1. 下面哪些玩具一定不能给三岁以下的小朋友玩？

A 串珠 B 积木 C 玩具房子

2. 下面哪种玩具不需要 3C 标识？

A 拼图 B 电动火车 C 儿童自行车

3. 中国玩具标准中的技术要求，普遍低于国际标准。

A 对 B 错

4. 塑料玩具中不使用涂料，所以不会含铅。

A 对 B 错

5. 包装玩具的塑料袋质量都很好，要节约啊！可以留着放些东西用。

A 对 B 错

6. 为了吸引小朋友的注意和产品的整体美观效果，玩具上的“危险”“警告”“注意”等安全警示可以选用卡通字体。

A 对 B 错

7. 那些带有磁性部件的小玩具，只要经过爸爸妈妈帮我们检查不会被散露出来，就不会有危险。

A 对 B 错

8. 指画颜料可以选择添加果味吸引小朋友的注意力。

A 对 B 错

9. 18 个月以下儿童玩具的选择：

A 谨慎选择有毛玩具

B 尽量避免本身有印刷的玩具

C 配合宝宝的认知选择相应的玩具

D 要注意宝宝各时期的特征选择相应的玩具

10. 玩具使用中需要注意哪些问题?

A 定期保养

B 定期清洁

C 做好收纳

D 做好陪伴

11. 膨胀材料膨胀后不应超过原始尺寸的（ ）

A 30% B 50% C 70% D 100%

12. 96 个月以下儿童使用的玩具可触及金属或玻璃边缘不应为锐利边缘。

A 对 B 错

13. 需要标注“3C 认证”的玩具包括（ ）

A 童车 B 电玩具 C 弹射玩具 D 金属玩具 E 娃娃玩具 F 塑胶玩具

参考答案

1–5：A，A，B，B，B，B，B，B，ABCD，ABCD，B，A，ABCDEF。

第三章

童装、童鞋篇

一般来讲，童装的分类有哪些呢？

◆按年龄分：

婴儿装：周岁以内宝宝们的衣服。这时的宝宝因为皮肤细嫩、头大体圆、好奇心强、喜爱吮吸等特征尤其需要爸爸妈妈的关注。

幼儿装：1~3 岁宝宝的衣服。这时的宝宝有好动、肚圆的特点。

儿童装：4~6 岁儿童的衣服。这时的孩子生长迅猛、调皮好动。

少年装：7~14 岁儿童的服装。这时的孩子生理上存有发育变化较大、性别逐渐区分明显等特点，心理上已具备基本的审美爱好。

◆按材质分：

机织服装，如外套、裤子、衬衫等。

针织服装，如内衣、打底裤、T 恤等。

◆按用途分：

内衣，如背心、内裤、秋衣秋裤等。

外衣，如风衣、夹克、羽绒服、棉裤等。

童鞋的分类有以下几种：

◆按大小分：婴幼儿鞋和儿童鞋。

◆按种类分：

儿童皮鞋、旅游鞋、皮凉鞋、布面童胶鞋等。

儿童皮鞋：是指用特殊工艺，以天然皮革、人造革、合成革为帮面材料为儿童设计生产的皮鞋。

旅游鞋：是指运动鞋、练习鞋、健身鞋、散步鞋、慢跑鞋、休闲鞋等，不包括专业运动鞋，通常为天然皮革、合成革、织物、革与非革材料混合制造适合儿童穿用的旅游鞋。

皮凉鞋：是指用特殊工艺，以天然皮革、人造革、合成革为帮面材料为儿童设计生产的皮凉鞋。

布面童胶鞋：是指帮面取材于各种织物，为儿童设计生产的胶底

鞋或其他弹性底的鞋。

美丽衣服背后的“隐藏”

上衣挂绳不可有

关键词：绳帽，窒息

描述：2017 年 1 月，迪士尼召回正在出售的米妮和米老鼠婴儿连帽运动衫，涉及四种尺寸：6M，12M，18M 和 24M。此类连帽运动衫由于设计缺陷可能会引发儿童严重的窒息危险。运动衫前面设计有三个小钩子，由于容易松动脱落，对于未知好奇的婴幼儿来说，极易被放入口鼻最终导致窒息。因此，迪士尼召回了所有婴儿型（6~24 个月）米奇和米妮老鼠连帽衫运动衫。

迪士尼婴儿连帽运动衫

小贴士：

此类服装是在沃尔特迪斯尼世界®度假村位于佛罗里达州布纳维斯塔湖售出的。目前在各种游乐园、度假村的旅游纪念品店出售的服装产品种类繁多，消费者在为儿童挑选服装时除了注重样式和品质外，更需要警惕安全隐患。像是儿童运动衫等类的儿童上衣，纽扣、粘贴物尤其需要谨慎，注意是否会有脱落的危险，上衣颈口处更是不可以有绳子。

莫让宝宝学步鞋成为祸源

关键词：学步鞋，部件，脱落，窒息

描述：2017 年 3 月，马萨诸塞

潜在的窒息危险而回收的婴儿短靴

州的 Zutano Global 公司在收到两份报告后正在召回 38000 双婴儿 Cozie 短靴，召回原因为根据事故报告显示：该婴儿短靴底部的橡胶“Z”夹子容易与鞋体分离，从而脱落。作为习惯性将东西放入嘴中的婴幼儿来讲，极易误食造成窒息。

婴儿背带可能并不安全

关键词：儿童背带，脱落，跌落

危害描述：2016 年 10 月，CPSC 由于潜在的跌落危险而发布了关于 Trek 婴儿背带的召回命令。事故报告称承运人在使用该产品时侧带可能发生意外松脱，从而使背带中的儿童发生跌倒危险。

Trek 婴儿背带

小贴士：

在购买该类产品时，消费者应注意商品溯源和相关安全检测信息的追溯，确保产品有源可查。此外，家长在使用该类产品前一定要注意产品的松紧性和各部分是否有掉线等脱落的隐患。

暗藏“玄机”的化装舞会

关键词：化装舞会，服装，拉绳，着火

危害描述：由欧盟召发起的 Halloween Dracula 化装舞会服装，由于产品颈部 / 喉咙区域的拉绳可能会在孩子的各种活动中被缠住，造成勒颈。另外，披风的材料具有高可燃性，如果儿童穿着

Halloween Dracula 化装舞会服装

披风时着火，可能会被烧伤等诸多隐患，被欧盟宣布召回。

小贴士：即使是节日的化妆服装，也请家长们谨慎挑选，不要让不合格的产品成为隐患。

芳香胺不“芳香”

关键词：染料，致癌

请谨慎色彩鲜艳的童装

危害描述：偶氮染料，是纺织品服装在印染工艺中应用最广泛的一类合成染料，用于多种天然和合成纤维的染色和印花，也用于油漆、塑料、橡胶等的着色。偶氮是染料中形成基础颜色的物质，有一些偶氮结构的染料品种在化学反应分解中可能产生致癌芳香胺物质。这些偶氮染料染色的服装或其他消费品与人体皮肤长期接触后，会与代谢过程中释放的成分混合并产生还原反应形成致癌的芳香胺化合物，这种化合物会被人体吸收，经过一系列活化作用使人体细胞的 DNA 发生结构与功能的变化，引起病变和诱发恶性肿瘤物质，导致膀胱癌、输尿管癌、肾盂癌等恶性疾病。

小贴士：谨慎挑选颜色艳丽的童装。服装上的颜色越多，可能接触的化学物质就越多。

标签上的含量须谨慎

关键词：成分，标识，不符

描述：2016 年，浙江出入境检验检疫局通报了 2016 年 3~5 月跨

境电商进口消费品的抽查情况。在抽查的 8 批儿童服装中，4 批存在品质问题。其中 3 批产品实际纤维含量与标识不符：荷兰进口的宝宝衬衫连帽上衣，实际检测里料含量为 72.8% 棉，22.1% 聚酯纤维，5.1% 氨纶，与标注的 95% 棉，5% 氨纶不符；越南进口的毛领连帽长爬服，实际检测为 100% 聚酯纤维，与韩文标识 95% 棉，5% 聚酯纤维不符等。

2017 年 9 月，广州市质量技术监督局对儿童及婴幼儿服装产品质量进行了监督抽查。抽查依据 GB 18401—2010《国家纺织产品基本安全技术规范》、GB 31701—2015《婴幼儿及儿童纺织产品安全技术规范》，产品不合格项目为产品使用说明（标识）、纤维含量。

小贴士：

在购买儿童服装类产品时，消费者既要注重产品的外观、款式、面料及制作工艺质量等，也应仔细审核服装的使用说明，让标签问题产品无法在市场上立足；此外，在儿童服装使用过程中应妥善保管好相关标签，以便发生质量问题时，以此为依据维权确保产品有源可查。

生活中儿童用纺织品和服装的潜在风险

◆请尽量避免我们穿着带有拉带的衣服进行滑梯等活动，这可能会导致拉带缠绕颈部导致我们窒息。

◆如果我们的衣服腰部和下摆是设计有拉带的，这很有可能会被车门或汽车的其他部位夹住，将会带来危及生命的风险。

◆裤子上的拉带。上下车时请格外注意我们腰部和下摆的拉带不要被车门或汽车的其他部位夹住。

下摆带长拉带的童装

◆风帽和颈部拉带存有被滑梯、婴儿床或其他类似物体缠住的风险。

◆ 5 岁及 5 岁以下男生服装的门襟区域不得使用功能性拉链。拉链应无毛刺、无可触及性锐利边缘、无可触及性锐利尖端及其他残疵，且洗涤和熨烫后不变形、不变色、不生锈，拉链的拉头不可脱卸。

带拉链的童裤

◆外露的抽绳每边外露长度均不可超过 14cm，否则有我们在玩耍时因疏忽而被抽绳缠绕身体。

◆童装上的小装饰物、钮扣等小部件脱落后一旦被吞食，可能会导致我们咽喉哽塞或窒息。请时刻防范我们千万不可以吞食衣服上的装饰物、钮扣等小部件，那会引发咽喉哽塞或窒息的可能。

◆请注意童装中芳香胺的成分。童装染料成分中的芳香胺，长期接触可能引发致癌。严格禁止可分解芳香胺染料和偶氮染料的使用。请谨慎挑选色彩鲜艳的童装。服装上的颜色越多，可能接触的化学品就越多。

外露的抽绳过长的童裤

◆小心甲醛。直接接触皮肤的童装甲醛含量应小于或等于 75mg/kg。含量超标可能会对儿童呼吸道和皮肤粘膜产生强烈刺激，造成呼吸系统伤害，并引发各种炎症；婴幼儿服装甲醛含量应小于或等于

脚底缺少防滑垫的爬爬服

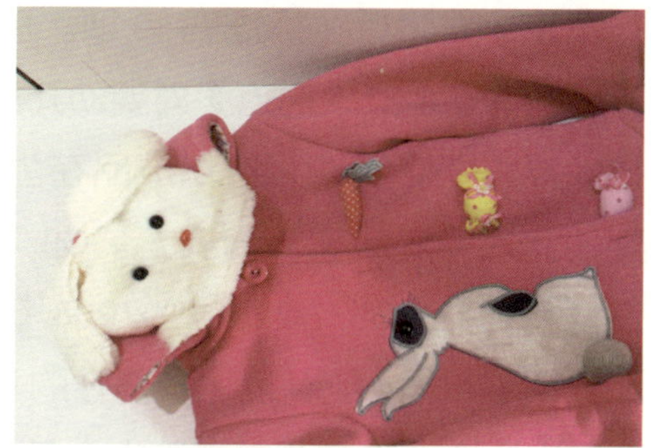

含有小零件的童装

20mg/kg。婴儿服装中甲醛含量超标，可能会导致气喘、气管炎、染色体异常、抵抗力下降。

◆请注意 pH 值。婴幼儿服装和直接接触皮肤的童装平 pH 值应在 4.0~7.5 范围内。太高或太低的 pH 值，对敏感性皮肤的我们，容易引起皮肤瘙痒等过敏症状。

◆请注意童装色牢度。颜料容易脱落褪色的童装，其染料分子和重金属离子可能会被皮肤吸收，危害儿童健康；规定童装色牢度应大于或等于 3-4 级。合格童装要经过酸碱化作用和充分水洗。

◆请注意童装阻燃性。童装面料阻燃性应达到相关要求，否则易引发火灾，导致儿童烧伤。

◆由于处于婴幼儿时期的我非常喜欢拉拽、咬衣服，如果辅料中的拉链、纽扣、饰品及各种装饰件的缝纫强力不够或者其他原因引起脱落，就容易被吞咽而导致窒息或其他安全隐患。

◆ 爬爬服上的脚垫很重要，这会大大降低我们摔倒的概率。

◆装饰扣附着力不够，容易被扯掉，给儿童带来潜在安全隐患。

细说我们身边的标准

中国现行标准中涉及婴幼儿及儿童服装的标准有 30 余项，包括国家标准、行业标准和地方标准，其中专门适用于婴幼儿及儿童服装

的国家标准和行业标准有10项。例如，GB 18401—2003《国家纺织产品基本安全技术规范》对婴幼儿纺织产品提出了安全方面的最基本技术要求，使婴幼儿纺织产品在生产、流通和消费过程中能够保障婴幼儿人体健康和人身安全。GB/T 22705—2008《童装绳索和拉带安全要求》、GB/T 22702—2008《儿童上衣拉带安全规格》和GB/T 22704—2008《提高机械安全性的儿童服装设计和生产实施规范》三项国家标准，构成儿童服装安全系列标准，对儿童服装的安全性起到指导、规范作用。

儿童鞋标准GB 30585—2014，适用于供14周岁及以下儿童（鞋号不大于250）日常穿用的鞋类，规定了附件抗拉强力等物理机械安全性能，以及N-亚硝基胺等化学限量物质等技术要求，是全方位规定儿童鞋类安全指标的强制性国家标准。布面童胶鞋标准GB 25036—2010限定了儿童鞋产品的游离甲醛、可萃取重金属、可分解芳香胺、含氯酚、亚硝基胺等物质限值，禁止存在可触及的锐利尖端和边缘，禁止或限制了可拆卸附件，规定了产品物理性能、外底厚度、外观质量、包装袋厚度等技术要素。

我国现行的主要服装类标准

标准编号	中文标准名称
GB 30585—2014	儿童鞋安全技术规范
GB 31701—2015	婴幼儿及儿童纺织产品安全技术规范
GB 25036—2010	布面童胶鞋
GB/T 22702—2008	儿童上衣拉带安全规格
GB/T 23155—2008	进出口儿童服装绳带安全要求及测试方法
GB/T 22704—2008	提高机械安全性的儿童服装设计和生产实施规范
GB/T 23155—2008	进出口儿童服装绳带安全要求及测试方法

续表

标准编号	中文标准名称
GB/T 33313—2016	儿童雨靴（鞋）
GB/T 31900—2015	机织儿童服装
GB/T 32232—2015	儿童救生衣
GB/T 1335.3—2009	服装号型 儿童

在各类标准的规范下，下面这些小知识家长在选购时会经常用到:

小知识：童装

◆范围：婴幼儿及儿童纺织产品。

◆婴幼儿服装为年龄在 36 个月及以下的婴幼儿（一般为身高 100 cm 及以下）穿着的服装，儿童服装指年龄在 3 岁以上、14 岁及以下（一般为身高 100 cm 以上、155 cm 及以下女童或 160 cm 及以下男童）的儿童穿着的服装，其中 130 cm 及以下儿童穿着的可作为 7 岁以下儿童服装。

◆婴幼儿及 7 岁以下儿童服装：

头部和颈部不应有任何绳带；

肩带应是固定、连续且无自由端的。肩带上的装饰性绳带不应有长度超过 75mm 的自由端或周长超过 75mm 的绳圈；

固着在腰部的绳带，从固着点伸出的长度不应超过 360mm，且不应超出服装底边；

短袖袖子平摊至最大尺寸时，袖口处绳带的伸出长度不应超过 75mm。

◆ 7 岁及以上儿童服装：

头部和颈部调整服装尺寸的绳带不应有自由端，其他绳带不应有

长度超过 75mm 的自由端。头部和颈部：当服装平摊至最大尺寸时不应有突出的绳圈，当服装平摊至合适的穿着尺寸时突出的绳圈周长不应超过 150mm；除肩带和颈带外，其他绳带不应使用弹性绳带；

固着在腰部的绳带，从固着点伸出的长度不应超过 360mm；

短袖袖子平摊至最大尺寸时，袖口处绳带的伸出长度不应超过 140mm。

◆儿童服装：

除腰带外，背部不应有绳带伸出或系着；

长袖袖口处的绳带扣紧时应完全置于服装内；

长至臀围线以下的服装，底边处的绳带不应超出服装下边缘。长至脚踝处的服装，底边处的绳带应该完全置于服装内；

服装平摊至最大尺寸时，伸出的绳带长度不应超过 140mm；

绳带的自由末端不允许打结或使用立体装饰物；

两端固定且突出的绳圈的周长不应超过 75mm；平贴在服装上的绳圈（例如，串带）其两固定端的长度不应超过 75mm。

◆婴幼儿及儿童纺织产品的包装中不应使用金属针等锐利物。

◆婴幼儿及儿童纺织产品上不允许残留金属针等锐利物。

◆对于缝制在可贴身穿着的婴幼儿服装上的耐久性标签，应置于不与皮肤直接接触的位置。

◆儿童机织服装拼接要求如下：

领里：避开肩缝，二接一拼，立领不允许拼接；

大衣挂面：大衣挂面下三分之一处避开眼位二接一拼。

小知识：童鞋

◆范围：供 14 周岁及以下儿童（鞋号不大于 250mm）日常穿用的

鞋类。

◆鞋内外应无露出的钉尖。

◆全鞋（包括鞋上附件、鞋跟等部件）不允许有可触及的锐利边缘和锐利尖端。

◆鞋内应无断针。

◆附件应安装牢固。婴幼儿鞋上小附件抗拉强力应≥ 70N。

◆有效跟高应不大于 25mm。

◆童鞋异味标准：稍有异味，但不引人注意。

你问我答

问：宝宝一般长得很快，那么，如何区分购买他们的服装呢？

答：在我国，关于婴幼儿服装的定义有以下几种方式，一是按照婴幼儿的年龄区分，如 FZ/T 81014—2008《婴幼儿服装》中规定年龄在 24 个月以内的服装称为婴幼儿服装，GB 18401—2010 中规定年龄在 36 个月及以下的婴幼儿穿着的纺织品为婴幼儿纺织产品；二是根据婴幼儿的身高，如 GB/T 1335.3—2009《服装号型》中规定 52cm~80cm 为婴幼儿；三是根据结合年龄和身高的要求，如 FZ/T 73025—2006《婴幼儿针织服装》中规定年龄在 36 个月以内或身高在 104cm 以下的婴幼儿使用的针织用品称为婴幼儿针织服饰。

问：我们经常会在新闻等媒体中看到说各类儿童服装的标识不合格，亦或是我们可以通过不合格的标识快速识别产品，那么到底什么是我们可以快速捕捉的信息呢？

答：1. 标识内容不全面。纺织品和服装使用说明内容缺失，可直接影响产品的质量信誉，降低消费者购买热情。纺织品和服装使用说明内容不全主要体现在（1）制造者的名称和地址；（2）产品名称；（3）产品的号型和规格；（4）纤维的成分和含量；（5）维护方法；

（6）执行的产品标准；（7）安全类别等项目，存在一项或多项缺失。例如，婴幼儿用品必须在使用说明上标明“婴幼儿用品”字样。其他产品应在使用说明上标明所符合的安全技术要求类别（例如：A 类、B 类或 C 类）。

2. 标识形式不合要求。实际产品中发现的问题主要有以下三种类型：一是仅在吊牌出现号型或规格、纤维成分和含量、维护方法信息，未采用耐久性标签；二是耐久标签的标注内容与吊牌标注信息不一致，如在耐久性标签上是“35% 聚酯纤维，65% 棉”，而吊牌上注明纤维含量却是“35% 棉，65% 聚酯纤维”；三是使用说明非国家规定的规范汉字，采用的汉语拼音和外文的字体大小大于相应的汉字。

服装标识未标注纤维成分不合格

3. 标识信息不准确。儿童服装标识信息不准确项目包括纤维含量、规范纤维名称以及服装号型规格。目前纺织品和服装的纤维含量、未采用规范纤维名称是我国纺织产品监督抽查中的主要不合格项目之一。同时在日常进口服装检验中，常见的缺陷问题是只标注 S、M、L 等英文字母，未采用 GB/T 1335 或 GB/T 6411 表示服装号型，造成号型信息不准确，给消费者选购带来困惑。

4. 服装标识内容有涂改不合格。

童装童鞋选购和使用小指南

A 选购小指南

童装类

一般来讲，童装的安全隐患主要有三大类：

（1）拉带绕颈、小零件脱落造成窒息等机械物理性伤害；

（2）甲醛超标和可分解芳香胺（偶氮）带来的化学性伤害；

（3）服装面料的阻燃性不达标带来的烧伤危险。

因此，选购时应注意查看中文标注的使用说明，包括生产企业名称及地址、产品名称、型号、原材料纤维成分及含量、洗涤方法、标准编号、质量等级、安全技术类别、合格证明等，不要选购无使用说明或使用说明信息不全的产品。下面，我们一起学习一下如何为儿童挑选舒适的服装：

◆看标签。查看标签吊牌是否齐全，信息是否完善。例如，婴幼儿用品必须在使用说明上标明“婴幼儿用品”字样。其他产品应在使用说明上标明所符合的安全技术要求类别（例如：A 类、B 类或 C 类）。

安全技术类别是国家强制性标准中规定的为保证纺织产品对人体健康无害的最基本要求。根据各类指标的要求将产品分为三类：“A 类”为婴幼儿用品；“B 类”为直接接触皮肤的产品；“C 类”非直接接触皮肤的产品。因此选购时应特别留意标识是否有标明“婴幼儿用品”或“A 类”字样。婴幼儿服装产品标识上还应注明“不可干洗”，因为干洗后的残留物可能影响婴幼儿健康。此外，婴幼儿内衣成品的商标、耐久性标签均应缝制在衣服外表面。

◆看材质。为孩子选择衣服时，最好选择舒服的天然纤维材质，以棉质为主。应尽量不要选择有鲜艳颜色图案的童装。其次，尽量选择宽松的款式，以免对孩子的活动及生长发育造成妨碍。

成分含量是指服装产品以何种纤维为原料加工而成。纤维一般分为天然纤维和化学纤维两大类：天然纤维包括棉、麻、羊毛、兔毛、蚕丝等，其中棉纤维吸湿性强、透气性好、对皮肤刺激性小；化学纤维包括涤纶、腈纶、黏胶纤维、醋酯纤维、大豆纤维、莫代尔纤维等。

◆检查面料质地。首先用触摸的方式感觉一下服装面料质地，童装面料应为易吸湿、透气的柔软材质；其次查看童装的纤维含量标志，确定服装面料成分。还可用燃烧法鉴别服装面料的材质，取一点儿纤维用火点燃，闻其味道、观察火焰状态及残留物形态，毛、绒、丝类有烧毛发气味；棉、麻类燃烧后为白色或灰色灰烬；合成纤维大多燃烧后残留物一般为硬块。

对于婴幼儿来说，宜选择纯棉服装，颜色也应以柔和的浅色为宜。一般颜色较浅的面料色牢度较好，不易褪色，也不易沾色。

◆仔细闻。打开包装后应闻闻是否有异味，若有异味，表明可能残留某些超标化学物质。

◆拉绳带。在为儿童挑选服装时，除了注重产品质量，也需要警惕潜在的安全隐患，像是儿童运动衫等，上衣领口处不可以有绳带。

◆检查小部件。查看服装整体是否完好，有无瑕疵，要仔细检查童装及其包装中是否含有残留金属针等锐利物，避免婴幼儿受到伤害。并检查扣子和装饰性小物件是否牢固，避免购买含有涂层印花或者较多小部件的婴幼儿服装。这时就需要用到本章第二、三部分我们介绍的那些方法了。

此外，选购时还应查看服装的主要表面部位和缝接部位应无明显瑕疵，各对称部位要一致。可以在接缝处用手拉一下，缝口应没有“滑移”现象；扣子和装饰性的小物件应缝制坚固；印花部位不能有可掉落粉末和颗粒，绣花或手工缝制装饰物不允许有闪光片、颗粒状珠子、可触及锐利边缘或尖端等。另外，婴幼儿服装的领口、帽边不允许使用绳带，衣服上的绳带外露长度不能超过 14cm。

看清说明信息：选购时应注意查看中文标注的使用说明，不要选购无使用说明或使用说明信息不全的产品。

使用过程中，为了保证儿童的身心健康以及从服装的洗涤、保养

角度考虑，请家长们确保孩子们的服装勤换、勤洗，养成良好的卫生习惯。

◆童鞋类

选购童鞋时请谨记：买宽不买窄，买较宽松的，忌买瘦小的，童鞋的宽度以能进一个指头为宜。最好购买价格比较适中的童鞋。由于儿童双脚长得快，最好 2 到 3 个月换一双鞋。一般来讲，选购童鞋应该遵循以下几点：

尽量选购较为宽松的鞋子，不要为儿童购买瘦小版。因为儿童的肌肉和脚骨十分嫩软，鞋子太小会影响脚部肌肉和韧带的发育；太大又难以掌握重心，会影响孩子活动和行走的正确姿势。童鞋的宽度以能进一个指头为宜。3 岁以下的婴幼儿，宜买布质的，忌买皮革的。因为脚部有丰富的神经和血管网络，穿皮鞋会压迫局部神经血管，影响脚趾、脚掌的生长发育。

尽量为儿童选购平底的鞋子，不要购买带跟版。因为带跟的鞋会引起儿童重心偏移，易产生屈膝、翘臀、弓腰等不良症状。平底鞋有利于保护正常足弓，不致引起肌肉和韧带劳损。

B 日常使用及维护

童装、童鞋是日常生活中孩子们时刻都在接触的用品，所以这类用品的日常使用和维护格外重要。因此，我们特别列出帮助家长朋友一起学习和了解相关知识。

童装类

◆棉麻服装

棉织物耐碱性强，抗高温性能好，可以使用肥皂或洗涤剂清洗。洗之前可在水中浸泡 15~20 分钟左右，水温控制在 40℃左右，洗净后于通风处晾干，不要在阳光下曝晒，以免有色织物褪色。麻纤维刚硬，抱合力差，洗涤时切忌用力揉搓、刷洗，否则会影响服装的外形和使用寿命，晾干后可以使用蒸汽熨烫。

◆丝质服装

丝绸面料色彩鲜亮、有光泽度，但本身比较娇嫩，结构不牢固，耐碱性差。因此，丝质面料一般温水手洗为佳，切忌机洗和用力搓揉，洗净后于阴凉处晾干，不可曝晒，晾干后可以使用蒸汽熨烫。

◆涤纶服装

聚酯纤维就是我们通常说的涤纶，属于当前合成纤维的第一大品种。合成纤维面料易起球、起毛、起静电，吸水性比较差，但是合成如纤维具有天然纤维不具备的一些优点，如纤维强度高、耐磨、弹性好，易洗快干等，该类童装可以手洗或者机洗，洗后在通风处晾干，一般不需要蒸汽熨烫。

◆毛呢服装

纯毛呢面料柔软光洁，有光滑油润的感觉，外观色泽柔和发亮，手感柔软、弹性好，恢复性好，而化纤面料则在抓紧放松后有显见的折皱痕。在日光或较强灯光下照看，呢子大衣表面疙瘩越少越好，色泽要均匀，光彩要柔和，表面要平坦。毛织品一般采用干洗洗涤或软毛刷刷洗和大把揉洗。

◆儿童服装和纺织品

GB/T 31888《中小学生校服》标准集成了纺织品安全、婴幼儿及儿童纺织产品安全两项强制性国家标准中甲醛、pH 值、燃烧性能等一系列安全指标，加颜色牢度等产品质量指标，增加舒适性新要求。该标准在原有纺织通用安全标准的基础上，进一步提高了婴幼儿及儿童纺织产品的各项安全要求，增加了 6 种增塑剂和铅、镉两种重金属的限量要求；对童装头颈、肩部、腰部等不同部位绳带作出详细规定，要求婴幼儿及 7 岁以下儿童服装头颈部不允许存在任何绳带；要求附

件应具有一定的抗拉强力，且不应存在锐利尖端和边缘。

C 使用后的保存

童装类

衣物在洗涤后应当妥善保存，不同材质的服装采取不同的存放方式。

棉质服装忌长时间曝晒，以免降低色牢度及引起褪色泛黄；洗净后晾干，按照深、浅色分置；注意通风，避免潮湿发霉。

丝绸服装较轻薄、怕挤压、易出皱褶，应单独存放或放置在衣箱的上层或者用衣架悬挂。

毛呢服装在保存前先晾晒 3 小时，拍掉尘土。然后在衣服上喷洒酒精，用干毛巾擦拭，待酒精味挥发完毕后熨烫收藏。

由于儿童处在生长发育期，皮肤比较娇嫩，对外界环境的抵抗力较弱，服装宜选择柔软细腻透气性好、对皮肤刺激小的面料。夏季服装以质地轻薄柔软、内表爽滑、弹性好的机织物或针织物为宜，而冬季的首选面料是厚棉织物。

童鞋类

童鞋产品应定期清洁。皮革类、人造革类童鞋产品清洁时应避免浸水、曝晒或高温烘干，以免引起老化、变形、褪色。童鞋产品不可在高温下曝晒，应该在阴凉通风处晾干，避免帮面和外底材料老化、变色。

天然皮革的童鞋应经常打油以保证皮革的韧性和光亮度，光面皮革可用皮革保养油，白色革面童鞋产品可采用皮革保养油或涂上无色的鞋油。

童鞋产品应避免与利器接触，也不能长时间与化学品、油污水、雨水等接触，鞋子应经常替换穿。

学会了多少?

1. 纺织品耐久性标签要素包括哪些?
2. 儿童衣服选购要点?
3. 服装的洗涤护理注意事项?
4. 我国涉及婴幼儿及儿童服装的标准有哪些?

参考答案：

1. 号型或规格、纤维成分和含量、维护方法信息。

2. 一看标签。婴幼儿用品必须在使用说明上标明“婴幼儿用品”字样。二看材质。为孩子选择衣服时，最好选择舒服的天然纤维材质以棉质为主。三看有无绳带。四看有无小部件。

3. 详见本章“日常使用及维护”。

4. 详见本章“细说我们身边的标准”。

第四章

户外设施篇

按照适用年龄及使用功能可分为儿童自行车、儿童三轮车、儿童推车、婴儿学步车和其他玩具车辆（包括电动童车、扭扭车等）。儿童自行车和儿童三轮车主要依靠儿童自身的肌肉力量驱动；儿童推车主要由成人操作，承担运载儿童的功能；婴儿学步车主要供幼儿学步用；电动童车主要依靠内置电池驱动。

外面的世界“诱惑”多

为什么我们需要安全座椅

汽车儿童安全座椅

关键词：安全座椅，法规，观念

伤害描述：在澳洲的新南威尔士，在车内用手抱着儿童、婴儿，多于一名儿童使用一条安全带属于违法，或是在一个安装了安全气袋的前座乘客座位上使用儿童安全座椅都是违法的。在新西兰，5 岁以下儿童，必须使用合适的儿童安全座椅；在有供应的情况下 5~7 岁儿童在车内必须使用儿童束缚设备；7~14 岁儿童必须使用安全带，如果车辆没有安装安全带，儿童则必需坐在后座。在英国，2006 年即有相关的法律要求“3 岁以下儿童，3~12 岁或 135cm 以下儿童在车内必须使用儿童安全座椅或加高座椅。例外的情况则包括：车辆后座没有安装安全带；车辆是一辆计程车或儿童需要在紧急情况下乘车。”在我国，2012 年实施的儿童安全座椅强制国家标准 GB 27887—2011《机动车儿童乘员用约束系统》也对汽车儿童安全座椅提出了相关的要求。

小贴士：

为了儿童的乘车安全，请家长按照及时选购并安装儿童安全座椅。

little tikes——little Tikes™ 召回 2 合 1 安全粉红色摇摆事件

关键词：秋千，制造，伤害

危害描述：2017 年 2 月 23 日，华盛顿特区与美国 CPSC 合作，俄亥俄州哈德森的 Little Tikes 公司正在执行一项纠正行动计划，解决约 54 万台 2009 年 11 月和 2013 年 12 月期间生产制造的“2 合 1 粉红色安全摇篮”。原因是该产品的塑胶座存在破裂隐患，造成儿童跌倒等伤害的发生。产品面市后，因为使用过程中缺乏考虑儿童与摇篮人机互动时儿童特殊群体的体征特点致使其可能会诱发伤害儿童事件。在 Little Tikes 公司收到的大约 140 份该产品报告中，涉及 39 名儿童受伤，包括不同程度的擦伤、瘀伤、伤痕和头痛，另有两份涉及儿童手臂破裂的报告。此次召回涉及 Little Tikes 公司小雪橇 2 合 1 安全粉红色安全摇篮，摇篮前面有一个粉红色的 T 形约束，带有一个小 Tikes 标志。日期代码邮票的 INNER 箭头上的日期代码印记“9”与 OUTER 上印有“43”或更高数字的波动也包含在本次召回中。没有其他日期代码或其他彩色摇篮受到影响。

Little Tikes 公司塑料椅

小贴士：

此类户外活动类产品购买和使用前请消费者一定要提前上网查找相关的召回企业和产品型号。此外，在使用此类户外产品时，请监护人一定检查产品的各项防护措施以及本身是否存有损坏。

常见的婴儿推车——Britax 安全隐患事件

关键词：婴儿推车，跌落

危害描述：2017 年 2 月，根据美国消费品安全委员会的一份数据，Britax 旗下设计生产的一类婴儿车由存有跌落风险而被召回 70 多万辆

Britax B-Agile 和 BOB Motion 婴儿推车

婴儿车，包括 Britax B-Agile 和 BOB Motion 婴儿推车。该婴儿车座椅没有正确地附着在固定位置，在使用者手推婴儿推车时，婴儿有下落的危险隐患。在 CPSC 召回公告中表明："Britax 已经收到 33 份关于汽车座椅的报告，儿童意外地从婴儿车上脱落而跌倒在地。 这也导致 26 起有关儿童受伤的报道，包括刮伤，瘀伤，头痛等。"

小贴士：

我国 GB 14748—2006，欧盟 EN 1888，美国 ASTM F833，加拿大 SOR/85-379 均有对儿童推车的标准要求，购买时要谨慎选择。同时，在挑选和使用该类产品前，请着重检查各类零件的固定性能是否牢靠，确保儿童安全。

滑板车伤害事件

关键词：滑板车，配件，跌倒

危害描述：Scooters 公司已收到 15 份滑板车下管破裂报告，

其中包括两起跌倒报告。2017 年 5 月，Pulse Krusher 公司召回 Pulse Krusher Pro 自由式滑板车，出厂代码为 083WY，编号为 164257。

Pulse Krusher Pro 自由式滑板车

小贴士：

作为只有辅助轮，需要使用者利用上臂和腿部滑行动作调动车体从而运动的一类户外型产品，滑板车通过其自身的娱乐性成为年龄稍大些儿童户外嬉戏的重要选择之一。但是，由于车体的设计缺陷，加之儿童这一弱势群体缺少自我保护能力，致使其在使用过程中更加容易发生意外。因此，请消费者在购买此类产品时，尤其注意重点的产品信息和产品结构，使用前确保产品稳定性和结构固定性。

可怕的“水上旋涡”

关键词：臂圈，焊接，断裂

危害描述：欧盟召回的 Playing Kids 充气臂圈，召回原因为该臂圈的两个可充气室的上部焊接可能不够充分，在使用过程中有撕裂隐患。

Playing Kids 充气臂圈连接臂圈

小贴士：

对于未知的户外场所，请家长们尤其谨慎，检查好孩子们的所有装备。

可怕的儿童产品包装

关键词：儿童玩具车，塑料袋，

WONDERWORLD 品牌儿童玩具车

厚度，无孔，窒息

危害描述：我国召回的 WONDERWORLD 品牌儿童玩具车原因为：用于包装车轮和小零件的塑料袋厚度不合格，且无透气孔，存在塑料袋覆盖儿童面部引发窒息的危险。

剖析生活中的潜在风险

资料表明，不同年龄儿童伤害发生的类型不同，小于 5 岁儿童最常发生的伤害类型为跌倒、碰撞和挤压，其中跌倒占到 50%，受伤性质以挫伤、擦伤为主。5~9 岁儿童从游乐场设备上摔落最多；10 岁以上儿童交通事故损伤所占比例较高。

缺少全链罩的儿童自行车

户外活动中，对儿童造成伤害的潜在风险一般包括有机械安全性伤害、化学安全性伤害以及安全指标不合格时可能导致的伤害。剖析这些的常见风险，你的身边是否真是存在呢？

儿童骑行类产品需要在必要的位置加上保护罩

◆儿童自行车的鞍座最大高度小于 560mm 者应装有一全链罩，必须完全遮住链条、链轮和飞轮的外表面及其边沿部分，还要遮住链轮、链条和链轮啮合部位的内侧。

◆儿童自行车的把横管总宽度应在 300mm~550mm，否则存在撞伤、摔伤等危险。

◆保护罩可以保护乘骑玩具中的

铰链间隙危险

动力传动链或皮带不被可触及。

◆铰链间隙危险哦！

◆玩具手推车至少应有一个主锁定装置及一个副锁定装置，二者应直接作用于折叠上。

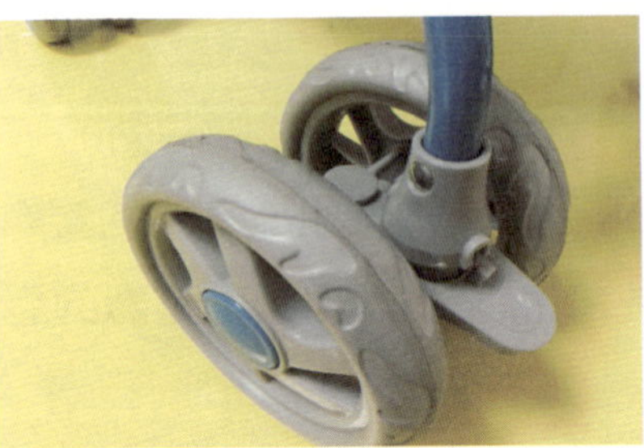

锁定装置

◆儿童安全座椅。在选购儿童安全座椅时应根据自己的车型提供的安全座椅接口选择恰当的配套的安全座椅，并严格按照操作规程进行妥善安装。

水上玩具请谨慎检查气门阀

◆儿童自行车等童车类产品是儿童嬉戏玩耍、锻炼身体的一种常见产品。现行的 4 项强制性标准严格规定了儿童自行车、三轮车、推车和学步车等产品中特定可迁移元素最大限量，规定了燃烧性能、机械强度、结构、稳定性和零件强度等技术要求。

◆水上玩具所有气门阀都应有止回阀和永久连接于玩具上的气门塞。

细说我们身边的标准

我国现行的儿童户外产品类标准

标准编号	中文标准名称
GB 6675.11—2014	玩具安全　第 11 部分：家用秋千、滑梯及类似用途室内、室外活动玩具
GB 6675.12—2014	玩具安全　第 12 部分：玩具滑板车
GB 14746—2006	儿童自行车安全要求

续表

标准编号	中文标准名称
GB 14166—2013	机动车乘员用安全带、约束系统、儿童约束系统和 ISOFIX 儿童约束系统
GB 27887—2011	机动车儿童乘员用约束系统
GB 8408—2008	游艺设施安全规范
GB 14747—2006	儿童三轮车安全要求
GB 14748—2006	儿童推车安全要求
GB 14749—2006	婴儿学步车安全要求
QB 1557—1992	充气水上玩具安全技术要求
GB/T 32441—2015	电动童车通用技术条件
GB/T 23160—2008	进出口自行车儿童座椅安全要求和测试方法
GB/T 28622—2012	无动力类游乐设施　术语
GB/T 23157—2008	进出口儿童可携持游泳浮力辅助器材安全要求及测试方法
GB/T 27689—2011	无动力类游乐设施　儿童滑梯
GB/T 28711—2008	无动力类游乐设施　秋千
CNS 12642—2008	公共儿童游乐场设备
DB 33T815—2010	大型玩具通用技术要求

当然也可以借鉴国际上的一些标准，例如，美国标准（KID）颁布实施的《汽车 / 助推器座位法》要求所有 6 岁以下儿童搭乘的车辆，儿童必须被安排坐在在儿童安全座椅上。《安全带法》要求 16 岁以下儿童搭乘汽车时无论处于汽车的任何位置都需要系带安全带。在我国各类标准的规范下，下面为家长介绍在选购时最常用到的小知识。

小知识：儿童车类

我国现行 11 项童车标准，其中 4 项为强制性国家标准，对婴儿学步车、儿童推车、儿童三轮车、儿童自行车提出安全要求，电动童车通用技术要求为推荐性国家标准。

供 4~8 年龄段儿童自行车的选购可参考以下要素：

◆在正常骑行、搬运和维修时，凡骑行者身体部分，如手和腿，可能触及的外露边缘，均不应有锐利边缘。

◆鞍座到鞍座前 300mm 处之间车架上管的上表面不应有突出物。

◆用于支撑系统的装配螺钉，或者用于电机、制动机构、泥板与车架、前叉或车把的连接螺钉，应具有可靠的锁紧装置。

◆最大鞍座高度小于 560mm 的儿童自行车，不论是否装有固定传动的驱动装置，应至少装有一个制动系统。如只有一个制动系统，应用制动后轮；如两个，应一前一后。

◆制动系统应操作灵活、无阻滞。

◆购买前和使用中，请谨慎检查紧固闸线的螺钉是否会割坏闸线的丝股。

◆请检查钢绳处是有设有保护。

◆请家长在购买和每次使用前，谨慎检查脚闸应独立有效，与驱动齿轮位置或调整无关。

◆请家长在购买和每次使用前，谨慎检查车架 / 前叉组合件是否已断裂，或者变形。

小知识：一名或多名儿童乘坐的三轮车

◆请确保产品已经专业的检测机构鉴定，所有材料目测检查应清

洁干净、无污染，特定可迁移元素含量均合格。

◆购买前，请谨慎检查儿童三轮车各部件的材料、功能、质量、尺寸以及其他特征，确保不会因儿童吸吮、舔食或吞咽产品而发生危险。

◆儿童三轮车上不应有任何可触及的危险锐利边缘、锐利尖端和外露突出物。

◆请谨慎检查任何可能触及活动的部分是否存在可能会造成伤害的挤夹点。

◆产品交付使用时应包含有产品标识（生产者依法登记注册的名称和地址）和使用信息，且应置于便于识别的位置。此外，在选购进口产品时，请着重检查产品原产地（国家 / 地区）以及代理商或进口商或销售商在中国依法登记注册名称和地址是否详实和有效。

◆请确保使用说明和安全警示内容的一致性。

◆产品包装、使用说明书即标签上应表明有产品适用年龄范围和预定承载体重。

◆产品应在明显位置张贴有“警告：当儿童乘坐时，看护人不应离开”提醒看护人，确保儿童使用过程中监管。

◆购买和使用前，请谨慎阅读“危险”“警告”“注意”等安全警示字样的文字。

◆购买后，请家长严格按照说明书进行安装，并请及时做好定期检查、维护、保养及清洁工作。

小知识：供一或多名儿童乘坐的儿童轮式推车

◆请确保产品已经专业的检测机构鉴定，所有材料目测检查应清洁干净、无污染，特定可迁移元素含量均合格。

◆因儿童推车可能会使用纺织物等材料，请确保产品表面设置有永久性警示说明“警示：切勿近火”。

◆产品的儿童可触及区域内不应设有外露的开口管子、危险夹缝、锐利边缘、锐利尖端。外露管子应设有保护装置。

◆使用推车过程中，在乘坐儿童可触及区域内请确保无对身体造成伤害的活动部件间的间隙，但由成人操作的部件如顶篷、脚踏板、可换向手把等除外。

◆请谨慎检查座兜上应装有永久性的安全带系统，至少包括一组腰带和一根胯带。腰带和胯带最小宽度应为 20mm。肩带的宽度最小应为 15mm。

◆产品交付使用时应包含有产品标识（包括有产品名称、产品型号、产品标准编号、使用年龄和体重、生产者依法登记注册的名称和地址等）和使用信息，且应置于便于识别的位置。此外，在选购进口产品时，请着重检查产品原产地（国家 / 地区）以及代理商或进口商或销售商在中国依法登记注册名称和地址是否详实和有效。

◆购买和使用前，请谨慎阅读“危险”“警告”“注意”等安全警示字样的文字。

◆购买后，请家长严格按照说明书进行安装，并请即使做好定期检查、维护、保养及清洁工作。

小知识：供能够独立坐立并站立的婴儿使用的童车

◆请确保产品已经专业的检测机构鉴定，所有材料目测检查应清洁干净、无污染，特定可迁移元素含量均合格。

◆检查是否存在裂缝、木刺或其他类似缺陷。

◆检查不应设有外露的开口罐子、速度调节器以及其他可能挤夹

手指、脚趾等身体部位伤害婴儿的突出物。

◆注意如设有升座 / 弹性绳等绳状物不可过长。

◆如设有纺织物不应产生表面闪烁效应。使用过程尤其注意，切勿近火。

◆产品标志和使用说明应包含有产品名称、产品标准编号、适用年龄和体重、安全警示。

◆购买和使用前，请谨慎阅读“危险”“警告”“注意”等安全警示字样的文字。

◆购买后，请家长严格按照说明书进行安装，并请及时做好定期检查、维护、保养及清洁工作。

小知识：家用秋千、滑梯及类似用途室内、外活动玩具类

供 14 岁以下儿童购买此类产品时提供参考：

◆请谨慎检查是否包含有锐利尖端、锐利边缘、易脱落小零件。

◆请在使用前谨慎检查产品零件是否齐全，存在脱落或不稳定的情况。

◆如有绳索、链条和揽绳，应两端固定。每次使用前，请提前检查是否存在松动等隐患。

◆距地面 760mm 及以上供坐或站的平台，都应配有所有方向上的围栏。

◆家长需小心陪同，玩耍时存在衣物和头发被挂起、脚部挤夹、手指挤夹的隐患。

因此，在使用时请监护人着重这些方面的监护。

小知识：玩具滑板车类

◆供 14 岁以下儿童购买此类产品时提供参考：

◆请确保产品所有材料目测检查应清洁干净、无污染。

◆体重不超过 20kg 儿童使用的玩具滑板车可以不安装刹车系统；体重超过 20kg 儿童使用的玩具滑板车

你问我答

问：“尺寸”是决定一个产品是否为儿童用品的因素吗？

答：是的。尺寸往往是用来决定产品是否为儿童用品的因素之一。

尺寸在某些领域的产品中格外关键，尤其是在户外儿童用品中。例如运动器材、乐器以及科学设备等。设计师在设计这些商品时，往往会考虑到儿童的使用情况，通过年龄的划分安排和设计产品的具体尺寸。儿童在使用这类为他们特殊设计的产品时，也会受到特殊的照顾和考虑。因此，这些类别的产品往往是可以很顺利地被认定为是儿童用品。

如何挑选到称心如意的儿童户外商品

合格的户外儿童用品应具备以下几点：

◆安全；

◆适龄；

◆构造科学；

◆耐用。

A 购买合格产品的重要环节

◆查看标牌说明信息是否齐全：

产品交付使用时应包含有产品标志和使用说明，涉及产品名称、产品标准编号、适用年龄和体重、安全警示等。其中，产品标识（包括有产品名称、产品型号、产品标准编号、使用年龄和体重、生产者依法登记注册的名称和地址等）和使用信息应置于便于识别的位置。

在选购进口产品时，请着重检查产品原产地（国家 / 地区）以及代理商或进口商或销售商在中国依法登记注册名称和地址是否详实和有效。

购买和使用前，请谨慎阅读“危险”“警告”“注意”等安全警示字样的文字。

根据标牌上的具体内容，对照本章前文中“我国现行的儿童户外产品类标准”的具体内容，并结合各类媒体查找和对比查看该类产品是否存在召回事件，参考容易出现的问题在选中的产品上是否存在（详情见第六章）。

◆购买后，请家长严格按照说明书进行安装，并请做好定期检查、维护、保养及清洁工作。定期检查产品是否存在破损或潜在的损坏或危险，如有发现请及时联系厂家维修或更新产品；对于有摆放等特殊要求的，请时刻做好日常的存放工作，以确保产品不会对儿童造成伤害。

B 常见产品挑选的小指南

童车实行强制性产品认证制度，在购买童车时，要注意产品包装或标识上必须有“CCC”认证标志。在选购童车时，也要根据儿童的年龄进行区分：6 个月以下适宜使用可以躺坐、能够折叠、带遮阳罩的推车；6 个月以上应选择既能躺又能坐的轻便童车；蹒跚学步时可以选择有辅助功能的婴儿学步车；随着年龄增长可以逐步选择儿童三轮车、电动童车、儿童自行车等儿童操作主动性相对大的童车产品。

◆儿童推车

选购儿童推车时，要查看整车的结构牢固性，推车的锁紧机构和保险装置要齐全和可靠；推车上围离座垫的高度要合适，肩带、腰带、胯带、带扣、安全带等装置要牢固可靠；在使用推车时，家长们尽可能不要离开推车，确保儿童安全无意外。

◆婴儿学步车

适用于蹒跚学步的儿童，多采用折叠式结构，购买时注意其折叠锁定机构应牢固可靠，并要求有两个连续的动作才能释放该机构；学步车的座兜高度应合适，其底部距离地面的高度应大于160mm，以保证在使用中儿童的脚部及关节不会因为腿部长时间的弯曲而导致损伤。家长们注意检查学步车的脚轮安装后应在一个平面上，使用中脚轮均应灵活转动。刚刚开始学步时，可以选购带有辅助固定装置的学步车，在需要时能够防止学步车移动，方便照顾儿童，但要注意学步车的脚轮不应带有刹车装置，以防使用中出现意外。另外，严禁在高低不平的路面、斜坡、楼梯口、浴室、厨房和靠近电器等危险场所使用。

◆儿童三轮车

使用对象通常为学龄前儿童。选购时应着重检查车体把手及座位之间的区域不得有任何可能造成伤害的凸起；车体上不得有任何可能造成伤害的挤夹点；任何可能触及的活动部位上或活动部位之间的孔隙均应小于5mm或大于12mm，以防小孩夹伤手指；带有辅助推杆的三轮车在购买时应认真检查，如发现辅助推杆有安装不牢固或材质较薄等情况，应慎重购买；三轮车的脚蹬最低处离地不应小于40mm，避免儿童在骑行中脚部容易碰地导致受伤；此外三轮车的靠背应安装牢固，可以用手试拉靠背，不应发生脱落的情况。

◆电动童车

电动童车是目前市场上外形多样化的一类童车，受到儿童们的喜

爱。在选购时应该试一试电动童车的驱动轮是否带有刹车装置，在电门松开时电机应能自动刹车，简单的方法可以在不接通电源的情况下用手转动驱动轮，应能感觉到明显的阻滞感，说明电机采用了刹车装置；电动童车的最大速度不能太快，标准规定应不超过 8km/h。

◆儿童自行车

适用年龄范围是 4~8 岁，选购时应结合儿童的年龄和身材高矮选择合适尺寸的自行车。儿童自行车应都配有辅助的平衡轮，用于帮助儿童在骑行中掌握平衡以起到保护作用。选购时应特别注意平衡轮支架的强度，以及平衡轮距轮胎中线的距离应大于 175mm，才能在需要时起到有效的保护作用。鞍座高度应在 435mm~635mm 范围内儿童自行车的链罩是必不可少的，无论何种链罩，都要能使儿童不轻易碰到链条，以防儿童将手指伸入其中受到伤害。儿童自行车手闸的闸把尺寸也是很重要的项目，其尺寸不宜过大，否则将影响到刹车的操作。消费者购买时可以带上孩子现场试一下，应保证孩子能够较轻松地握持并方便地操作刹车装置。

要特别注意童车的包装，儿童的好奇心有可能使得孩子将塑料袋当作玩具。因此在拆开包装袋后，应及时将塑料袋破坏后妥善处理，防止儿童接触。并在使用前详细阅读产品说明书，要按照说明书的内容进行检查和使用。

C 维权（详情请见第六章）

◆向商品经营者进行投诉；

◆向商品生产者进行投诉；

◆向政府相关行政管理机构投诉；

◆请留好产品的购买凭证、检验合格证明、质量缺陷认证等材料。

学会了多少？

1. 户外儿童用品应具备以下几个特点（ ）

   A 安全　B 适龄　C 构造科学　D 耐用

2. 滑板车应标有使用者体重限量。

   A 对　B 错

3. 购买或使用前要仔细警告等标识。

   A 对　B 错

4. 产品包装、说明书都是产品的必备属性。

   A 对　B 错

参考答案

1–4：ABCD，A，A，A。

第五章

文具用品篇

学生文具是文具用品一个最重要的分支，主要使用群体是学生。

学生文具品类包括：笔袋、笔盒、铅笔、自动铅笔、水彩笔、白板笔、圆珠笔、中性笔、油画棒、油性笔、蜡笔、钢笔、书包、橡皮擦、削笔机、笔削、液体胶水、固体胶、尺类、圆规、美工刀、剪刀、书套、修正带、文件夹、本册、文件袋、画板、笔芯等。

日常生活中不可忽视的伤害案例

“有毒的”圆珠笔

关键词：圆珠笔，香味，苯中毒

危害描述：李女士家的孩子上小学二年级，热衷于购买各式各样新奇的文具。一天，孩子买了一堆带有香味的圆珠笔。回家以后还有模有样地放进自己书桌上的笔筒里。李女士给孩子辅导作业时闻着那股香味差点窒息，由于担心对孩子身体不好，李女士让孩子把这些圆珠笔收起来。可是孩子就是不肯。李女士只得作罢。可是没过几天，老师打电话说孩子在课堂上晕倒了。这把李女士吓得脸色惨白！她赶紧开车接孩子去医院。经过仔细检查后，医生说孩子是慢性苯中毒。李女士马上就想到了家里的那堆圆珠笔。

小贴士：

一些不法厂家为了牟取暴利，吸引孩子的注意力，把圆珠笔芯做成各种味道，然而，这些油性笔芯里被添加大量的重金属和苯。一些孩子，特别喜欢上课玩笔，经常会让笔头和笔杆分家，搞得满手脏兮兮，然后还用没有清洗过的小手直接吃东西。长此以往，会使孩子出现慢性苯中毒，甚至会引起造血和免疫机能损伤，导致白血病的发生。

白纸的“陷阱”

超白的纸

关键词：白纸，荧光剂，视觉疲劳，损伤肝脏

危害描述：很多家长都愿意给孩子挑选纸张很白的买练习本，但是不要以为纸质雪白的练习本就是质量好的。这是因为很多厂商为了让纸质看起来白亮，会添加大量荧光剂，这样不仅可以省去原本的增白工序，而且成本大大降低了。

小贴士：

有条件的家长可以自己测试一下，紫外线照射下这些添加荧光剂的纸是呈蓝色。这些荧光剂会通过皮肤渗入到血液，最终可能会损害孩子的肝脏。此外过白的纸张会对孩子的视力造成伤害，很容易导致眼镜疲劳，所以建议给孩子购买色调柔和的淡黄色练习本。

软软的橡皮很危险

关键词：橡皮，软，增塑剂，性早熟

危害描述：上学时我们都有这样的经验，如果是橡皮很硬，在擦拭过程总往往很难将我们写在纸上的笔记清除干净，因此，大部分的厂家会在加工橡皮的过程中加入增塑剂，可以这样理解：如果橡皮越软，香味越浓，添加的增塑剂就越多。但是如果增塑剂超标的话，就会导致孩子性早熟，所以平时给孩子买橡皮时不要

请谨慎选购儿童橡皮

荧光笔

儿童书包

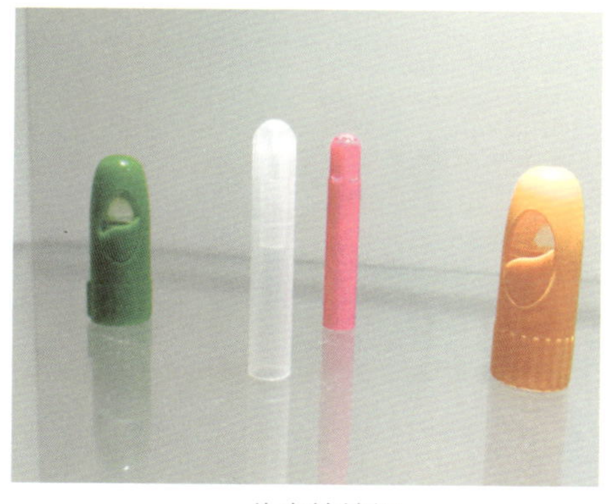

儿童笔笔帽

买花花绿绿的带味橡皮。

小贴士：

不要一味的追求漂亮的橡皮，材质也非常重要。

剖析生活中的潜在风险

◆荧光剂泄露：会直接影响儿童的身体健康，特别对儿童的肝脏、肾脏、皮肤的伤害不容忽视。

◆有害物质超标：学生用的书包、笔袋等纺织产品在印染后整理过程中要加入各种染料、助剂等整理剂，这些整理剂中或多或少地含有或产生对人体有害的物质，特别是当甲醛残留在纺织品上并达到一定量时，就会对学生的皮肤乃至身体健康产生危害。

◆笔帽没孔：误吞后可能造成窒息。标准要求书写笔、记号笔、修正笔、水彩笔的笔帽体上需要有一条连续的至少 6.8mm^2 的空气通道，保证笔帽空气流通。一旦出现学生吞食笔帽的意外，能保证孩子正常呼吸。

◆小心重金属：油画棒是孩子们普遍使用的美术用品。染料是油画棒的土要成分，油画棒原料中含有一定量的可溶性重金属元素，如

铅、钡、铬、锑、镉、汞、砷等。若重金属含量超标会影响儿童健康。

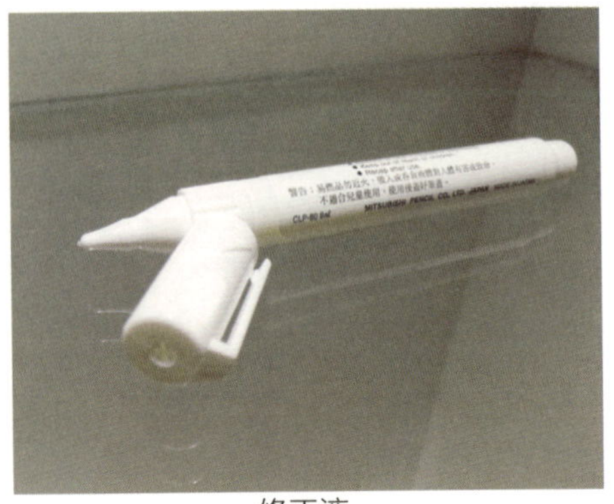
修正液

◆不要追求香喷喷：香味过于浓郁的文具，使用的工业香精，其香料内的甲醛、苯都超标，长时间使用会导致头痛、身体乏力，且孩子啃咬后很可能会慢性中毒，甚至诱发白血病等危重疾病。

做了页面调色处理的学生用作业本

◆太白的纸张：作业本、纸太白会刺激、损伤学生的眼睛。作业本纸张异常洁白，可能在生产过程中添加了大量的荧光增白剂，长期使用不仅会影响学生视力，同时也会对人体产生不良影响。

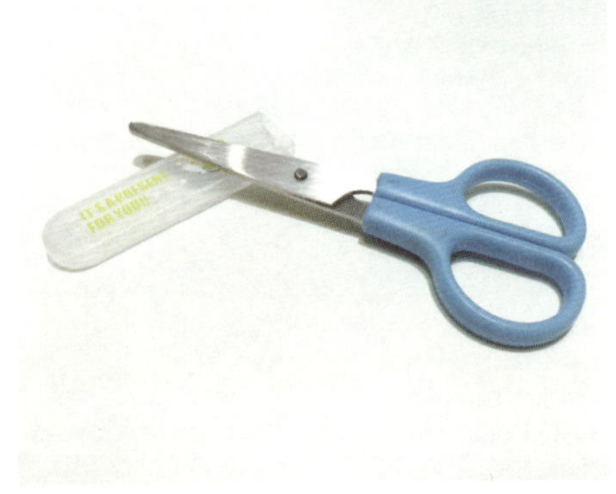
儿童用剪刀

◆做好尖端防护：剪刀也存在边缘、尖端为锐利尖端的问题，给儿童使用的剪刀应加以处理使之不为锐利尖端。

细说我们身边的标准

儿童文具类标准

标准编号	中文标准名称
GB 21027—2007	学生用品的安全通用要求
GB 8771—2007	铅笔涂层中可溶性素最大限量
QB 1336—2000	蜡笔
QB 2586—2003	油画棒
QB 2655—2004	修正液

文具是儿童大量使用的重要消费品。在各类标准的规范下，下面的小知识家长在选购时可能会经常用到：

小知识：学生用品的一般要求

◆手工剪刀、刀片顶端应为圆弧顶端，不应为锐利尖端。

◆绘图用尺、文具盒等的可触及边缘、边角、分模线，不应有锐利毛边、尖端或溢边，或加以保护使之不可触及。

◆如有金属边缘，包括孔、槽，请家长着重检查是否含有危险的毛刺或斜薄边，如发现或将其折边、卷边或形成曲边，或用永久保护件或涂层予以保护。

小知识：学生用品中要注意的有毒有害物质

◆颜色过于艳丽产品（如颜料等）重金属的含量。

◆涂改制品中要注意有机溶剂苯(≤10mg/kg),不应含有氯代烃。

◆胶水等胶粘剂中应注意是否有甲醛（≤1g/kg），苯（≤0.2mg/kg），甲苯＋二甲苯（≤10g/kg），总挥发有机物（≤50g/L）。

◆书包笔袋使用的面料和辅料要注意是否有甲醛（≤ 300mg/kg）超标。

小知识：纸张类

◆纸制品也是各年龄段儿童大量使用的一类产品。现行的 3 项国家标准规范了纸尿裤、湿巾、阅读或书写用纸张等产品的卫生安全、产品性能、纸张亮度（白度）等要求。如学生用涂改制品中含有的有机溶剂苯不得超过 10×10^{-6}（10ppm）；本册亮度（白度）不应大于 85%，纸张亮度过高可能会影响到学生视力。

如何挑选到称心如意的文具

一项好的家居及日用品产品应具备以下几点：

◆安全；

◆耐用；

◆环保；

◆健康。

A 购买合格产品的重要环节

◆查看标牌说明信息是否齐全

产品名称；

产品型号和规格；

执行标准；

出厂日期；

检验员。

注意检查包装上是否有中文标识和使用说明，包括产品名称、产

品型号、产品所执行标准的编号、年龄范围、安全警示、制造商/进口商/生产商名称地址等产品信息，同时中文标识和使用说明是否按单件产品或最小销售单位提供。

◆寻找可能的风险点

根据标牌上的具体内容，对照本章“细说我们身边的标准”中所述标准的具体内容，并通过各类媒介查找和对比查看该类产品是否存在召回事件，参考容易出现的问题在选中的产品上是否存在（详情请见第六章“儿童用品召回发布网站”）。

B 常见产品挑选小指南

在购买文具时一是要选择正规厂家生产的文具，并仔细查看有无生产厂名、厂址、电话、使用说明，是否有产品检验合格证等；二是不要购买香味太浓的文具制品，而要选择色淡、无味的品种，因为许多香味文具和涂改液中都含有不同程度的苯酚、甲醛、汞等有毒化学物质；三是尽量让孩子少使用涂改液，监管不要让孩子养成啃咬文具的习惯；四是在选购文具时要向商家索要发票或购物凭证，当文具出现问题时才能更好地维护自身的合法权益。

C 维权（详情请见第六章）

向商品经营者进行投诉；

向商品生产者进行投诉；

向政府相关行政管理机构投诉；

请留好产品的购买凭证、检验合格证明、质量缺陷认证等材料。

学会了多少？

1. 学生用作业本亮度不应大于 75%。

   A 对　B 错

2. 涂改制品有机溶剂苯不得超过 10%。

   A 对　B 错

3. 指画颜料是指可以直接使用的颜料。

   A 对　B 错

4. 儿童书包因为不会与儿童直接接触，无需谨慎选购。

   A 对　B 错

参考答案

1–4：A，A，A，B。

第六章
番外篇

儿童用品选购五大关键

在前面的章节中，我们系统地学习了儿童用品中常见风险，并提出了相应的办法进行防范。虽然不同类别的产品选择细节千差万别，但总体来说都要遵循以下几个关键点，就可以对所要选择的产品进行初步的评估，这几个关键点包括“看一看，小心绳带，注意尺寸，摸表面，了解标准”。

当然，我们还是希望能够仔细、更加全面地按照书中介绍的内容有计划地挑选各类产品。

◆看一看。习惯于“大人国”的爸爸妈妈们常常会忘记孩子们是以“小人国”的方式在接触他们生活环境中的一切物品并以他们的方式与物品、环境进行接触和互动的。因此，家长们要学习角色互换，用宝宝的视角审视能够接触到的一切物品，甚至是物品的摆放和使用习惯。

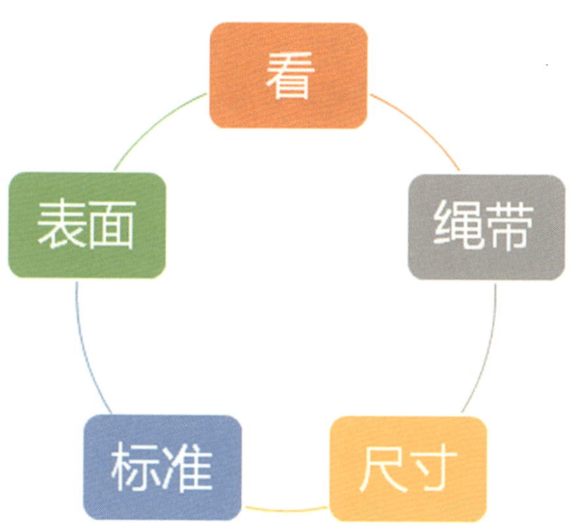

儿童用品选购指南图

◆小心绳带。这里不仅是指童装、童鞋上的绳带。家居用品中的绳带同样不容忽视。我们常常会低估宝宝们的好奇心。当宝宝们在嬉戏时，他们会“不管不顾”。因此，如果家中的带绳带的用品随处摆放，很可能成为导致宝宝绕颈窒息的“隐形杀手”。

◆注意尺寸。“尺寸小”的宝宝本来就会对和他们同样拥有“渺小身材”的实物具有与生俱来的好感。因此，如果家长们稍不注意，误将过小的物品随意摆放，很可能发生因宝宝误食而窒息的危险。要尽可能避免给宝宝选择小尺寸的用品，并在成人的监护下使用。对产品标签标识上注明含有小零件的商品就不适宜给小月龄的宝宝使用。

◆摸表面。锐利尖端、粗糙边缘、毛刺等都是可能会引发儿童伤害的隐患，请家长们一定要着重检查。

◆了解标准。最直观的办法就是看产品的标签标识上是否注明了产品符合的标准，并对相关产品的标准有一定的了解。

想了解更多看这里

除了前面章节所述的各类国家标准、行业标准、国际标准，召回网站上的案例和警示，家长们可以根据产品标牌上的具体内容选来经常阅读学习，也可以通过各类媒介查找该类产品是否存在召回事件，在选购产品时进行借鉴。这些学习来源有：

◆各类标准发布网站

强制性国家标准（简称为 GB），可通过国家标准化管理委员会网站（www.sac.gov.cn）中“强制性国家标准查询栏目”检索和免费在线阅读。家长可对照查询自家儿童用品是否有标可循。

欧盟标准（简称为 EN），可通过 CENELEC 和 CEN 以及它们的联合机构 CEN/ CENELEC 网站（www.cen.eu）标准查询模块检索和在线阅读。

ISO 国际标准是全球性的非政府组织标准化领域重要组成部分，可通过官方网址查询国际与儿童相关的标准最新内容、新闻资讯、儿童保护文件等内容（www.iso.org）。

美国材料与试验协会标准（ASTM），这里不仅能够查询到研究和制定材料规范和试验方法的儿童产品相关标准，还包括各种材料、产品、系统、服务项目的特点和性能标准，以及试验方法、程序等。在这里，家长可以找到需要的最新资讯（www.astm.org）。

◆儿童用品召回发布网站：

国家质量监督检验检疫总局网站

家长们可以登录国家质检总局网站、国家质检总局缺陷产品管理中心网站，或关注缺陷产品管理中心微信公众号（AQSIQDPAC）了解国内儿童用品召回的各类案件以及专家提示的详细信息。

网址：http：//www.aqsiq.gov.cn；www.dpac.gov.cn

Kids In Danger

儿童危险（以下简称 KID）是一个致力于通过改善儿童用品安全来保护儿童的非营利组织。 KID 成立于 1998 年，由于年仅 16 个月大的被芝加哥儿童保育中心倒塌的便携式婴儿床致死的丹尼·卡萨尔（Danny Keysar）的父母创立。

网址：http：//www.kidsindanger.org

Children’s Safety Network

儿童安全网络是美国卫生资源和服务管理局（HRSA）、妇幼卫生局（MCHB）以及美国 17 个州或辖区合作组建的儿童安全协作创新和改善玩过平台，旨在保护所有青少年儿童的安全健康，推动美国儿童安全倡议。该平台设有儿童伤害和暴力预防措施，并提供技术援助和指导，协助管理儿童健康和安全。消费者可以登录网站查询儿童伤害案件、技术指导，并及时更新儿童产品相关状态信息。

网址：www.childrenssafetynetwork.org

◆ CPSC

CPSC 是美国一个重要的消费者权益保护机构，是 Consumer Product Safety Committee 的缩写，即消费品安全协会。美国消费品安全委员会（CPSC）成立于 1972 年，它的责任是保护广大消费者的利益，通过减少消费品存在的伤害及死亡的危险来维护人身及家庭安全。CPSC 的主要功能表现为：制定生产者自律标准，对于那些没有标准可依的消费品，制定强制性标准或禁令。对具有潜在危险的产品执行检查，通过各种渠道包括媒体、州、当地政府、个人团体组织等将意见反馈给消费者。CPSC 现在负责对超过 15000 种消费品的安全监控。

网址：www.cpsc.gov

如何维权

在怀疑产品存有问题，或已经发生危险伤害事件时，首先家长要与商家或生产者进行沟通，确认产品的质量是否存在质量缺陷，如不能达成一致意见，可以委托具有相应检测资质的第三方检测机构对产品相关标准进行检测，认定该产品质量是否符合相关标准的规定。

◆向产品经营者进行投诉。

《中华人民共和国消费者权益保护法》第三章第二十四条规定“经营者提供的商品或者服务不符合质量要求的，消费者可以依照国家规定、当事人约定退货，或者要求经营者履行更换、修理等义务。没有国家规定和当事人约定的，消费者可以自收到商品之日起七日内退货；七日后符合法定解除合同条件的，消费者可以及时退货，不符合法定解除合同条件的，可以要求经营者履行更换、修理等义务。”

◆向政府相关行政管理机构投诉（投诉电话 12315，12316）。

中华人民共和国消费者权益保护法》第四章第三十二条规定“各级人民政府工商行政管理部门和其他有关行政部门应当依照法律、法规的规定，在各自的职责范围内，采取措施，保护消费者的合法权益。有关行政部门应当听取消费者和消费者协会等组织对经营者交易行为、商品和服务质量问题的意见，及时调查处理。”

◆请留好产品的购买凭证、检验合格证明、质量缺陷认证等材料。

◆恰当时间出示产品缺陷认证。

学会了多少？

1. 在怀疑产品存有问题，或已经发生危险伤害事件时，消费者可以直接委托具有相应检测资质的第三方检测机构对产品相关标准进行检测，认定该产品质量是否符合相关标准的规定。

A 对　B 错

2. 当产品出现问题时，维权时直接申请投诉即可。无需提供其购买凭证、检验合格证明、质量缺陷认证等材料。

A 对　B 错

3. 经营者有产品出现瑕疵的要进行退换货的义务。

A 对　B 错

4. 行政管理机构投诉电话（　）（多选）

A 12314　B 12315　C 12316　D 12319

参考答案

1–4：A，B，A，BC。